鞍钢集团：
引领担当、价值共创型社会责任管理

《鞍钢集团：引领担当、价值共创型社会责任管理》编写组　编著

企业管理出版社

图书在版编目（CIP）数据

鞍钢集团:引领担当、价值共创型社会责任管理／《鞍钢集团:引领担当、价值共创型社会责任管理》编写组编著. -- 北京：企业管理出版社，2025.4. -- ISBN 978-7-5164-3143-6

Ⅰ．F426.31

中国国家版本馆 CIP 数据核字第 2024RA6030 号

书　　名	鞍钢集团：引领担当、价值共创型社会责任管理
书　　号	ISBN 978-7-5164-3143-6
作　　者	《鞍钢集团：引领担当、价值共创型社会责任管理》编写组
责任编辑	陈　戈　田　天
出版发行	企业管理出版社
经　　销	新华书店
地　　址	北京市海淀区紫竹院南路 17 号　　邮　编：100048
网　　址	http://www.emph.cn　　电子信箱：emph001@163.com
电　　话	编辑部（010）68701638　　发行部（010）68414644　68417763
印　　刷	河北宝昌佳彩印刷有限公司
版　　次	2025 年 4 月第 1 版
印　　次	2025 年 4 月第 1 次印刷
开　　本	710mm×1000mm　　1/16
印　　张	9
字　　数	116 千字
定　　价	59.00 元

版权所有　翻印必究·印装有误　负责调换

总 序（一）

感谢读者朋友们对中央企业社会责任管理工作、对中央企业社会责任管理之道丛书的关注与支持！

企业在自身发展的同时，应该当好"企业公民"，饮水思源，回报社会，这是企业不可推卸的社会责任，也是构建和谐社会的重要内容。大量事实证明，只有富有爱心的财富才是真正有意义的财富，只有积极承担社会责任的企业才是最有竞争力和生命力的企业。重经济效益、轻社会效益的企业，只顾赚取利润、不顾安全生产的企业，终究难以持续。这一重要论述充分阐明了履行社会责任对企业可持续发展的重要意义。

党的二十大报告提出全面贯彻新时代中国特色社会主义思想，为新时代新征程国资国企改革发展指明了前进方向。党的二十大作出一系列重大部署，很多需要国资国企通过履行社会责任来具体落实。在新时代新征程中更好履行社会责任，是国资国企加强党的领导，切实发挥国有经济战略支撑作用的重要保证；是牢记初心使命，自觉践行以人民为中心的发展思想的必然要求；是完整准确全面贯彻落实新发展理念，推动高质量发展的实际行动；是培育国际竞争合作新优势，加快建设世界一流企业的客观需要。多年来中央企业积极履行社会责任，实践丰富、贡献突出，新时代新征程上责任重大、要求更高，中央企业要以服务经济

鞍钢集团：引领担当、价值共创型社会责任管理

社会发展、满足人民美好生活需要、更好发挥功能价值为目标，主动担当作为，带头履责、全面履责，在履行社会责任方面走在前列、作出表率。

多年来，一大批中央企业大力开展社会责任工作，不仅做到了实践上有亮点、理论上有创新，同时，还实现了形象上有升级、管理上有提升，形成了丰富多彩、成效显著的企业社会责任管理推进路径和做法，具备总结形成管理模式的条件。中央企业通过践行社会责任，走上与社会共同可持续发展之路，为实现共同富裕和联合国2030可持续发展目标作出积极贡献；也通过对企业社会责任管理的不断探索，在丰富全球企业管理理论方面作出了自己的独特贡献。

我们出版这套中央企业社会责任管理之道丛书，希望通过适时总结、分享中央企业的社会责任管理推进模式，起到以下几个方面的作用：一是通过系统总结分析，进一步推动中央企业提升社会责任管理工作；二是支持中央企业成为全球履行社会责任的典范，服务于建设"具有全球竞争力的世界一流企业"；三是为中央企业参与全球市场竞争奠定基础，成为高质量共建"一带一路"的表率；四是为其他企业开展社会责任管理工作提供有益借鉴，为全球可持续发展贡献来自中国企业的最佳实践经验。

2020年，丛书选取国家电网、中国建筑、华润集团等中央企业为代表，总结了这些企业各具特色的社会责任推进模式，出版了《国家电网：双向驱动、示范引领型社会责任管理》《中国建筑：品牌引领型社会责任管理》《华润集团：使命引领型社会责任管理》。

2021年，丛书选取中国核电、国家能源集团、中国三峡集团为代表，出版了《中国核电：公众沟通驱动型社会责任管理》《国家能源集团：可持续驱动型社会责任管理》《中国三峡集团：初心引领型社会责任管理》。

总 序（一）

2022年，丛书选取中国石油、国投集团、中交集团、中国广核集团为代表，出版了《中国石油：价值引领型社会责任管理》《国投集团：责任投资驱动型社会责任管理》《中交集团：愿景驱动型社会责任管理》《中国广核集团：使命引领、透明驱动型社会责任管理》。

2024年，丛书选取鞍钢集团、中国绿发、华润集团等企业为代表，出版了《鞍钢集团：引领担当、价值共创型社会责任管理》《中国绿发：绿色发展引领型社会责任管理》《华润集团：使命引领型社会责任管理（第二版）》等。

我们期待丛书的发布能够搭建中央企业社会责任管理交流的新平台，推动中央企业社会责任管理迈上新台阶，助力中央企业通过高标准履行社会责任，加快实现高质量发展，并推动中国企业社会责任管理的典型经验和模式走出企业、走向行业、走向海内外，在为全球企业管理贡献中国智慧的同时，引领新一轮更加负责任、更加可持续的经济全球化进程！

中央企业社会责任管理之道丛书编委会
2024年11月

总　序（二）

企业社会责任已成为新一轮经济全球化的重要特征。自20世纪初以来，全球企业社会责任的发展经历了20世纪70年代之前企业社会责任概念产生阶段，20世纪70年代后至20世纪末的企业社会责任欧美共识阶段，21世纪初至今，企业社会责任进入全球共识阶段。

2000年以来，企业社会责任浪潮在中国发展迅速。中国企业社会责任的发展由概念辩论走向基本共识，进而发展到企业社会责任管理阶段，与全球企业社会责任管理实现了快速同步。

2000—2005年是现代企业社会责任概念的辩论阶段，社会各界对企业履行社会责任问题还处在概念辩论的时期。2006—2011年是中国企业社会责任基本共识阶段。在这个阶段，中国全过程参与社会责任国际标准ISO 26000的制定，并最终对ISO 26000投了赞成票。这个赞成票是在参与制定ISO 26000的六个利益相关方群体意见基础上最终决定的，也是中国企业社会责任发展的利益相关方第一次全面达成共识。2012年以来，中国企业社会责任管理实践蓬勃发展。

2006年和2012年是中国企业社会责任发展的两个重要里程碑。2006年可称为中国企业社会责任元年，其重要标志是新修订的《中华人民共和国公司法》明确提出公司要承担社会责任。国家电网公司首份社会责任报告得到了中央领导的批示和肯定。2012年可称为中国企业社会责任管理元年，其重要标志是国务院国有资产监督管理委员会（以下简称国务院国资委）将社会责任管理列为中央企业管理水平提升的13项重点措施之一，企业社会责任管理成为提升中央企业管理水平的重要内容。自此，中国企业社会责任进入社会责任管理发展的新阶段，众多中央企业开始了丰富多彩的企业社会责任管理探索和实践，开启了各类企业从履行社会责任到系统开展社会责任管理的新篇章。

企业社会责任管理

一般来说，企业社会责任管理是指企业有目标、有计划、有执行、有评估、有改进地系统性开展社会责任实践的活动；具体地说，是企业有效管理其决策和活动所带来的经济、环境和社会影响，提升责任竞争力，最大化地为利益相关方创造经济、环境和社会综合价值作贡献，推动社会可持续发展的过程。企业社会责任管理包括社会责任理念管理、生产运营过程的社会责任管理及职能部门的社会责任管理。企业社会责任作为一种发展中的新型管理思想和方法，正在重塑未来的企业管理，具体体现在重塑企业管理理念、管理目标、管理对象和管理方法等方面。

重塑企业管理理念。企业将由原来的股东（投资人）所有的公司转向由股东和其他企业利益相关方共同所有的公司；企业将由原来的盈利最大化或者股东利益最大化转向追求兼顾包括股东在内的利益和诉求的平衡，追求经济、环境和社会综合价值的最大化和最优化，实现企业可持续经营与社会可持续发展的多赢和共赢。

重塑企业管理目标。企业责任竞争力将会成为企业未来的核心竞争力。企业责任竞争力就是企业在运用自身专业优势解决社会和环境可持续发展所面临的挑战和问题的同时，还能取得良好的经济效益，其根本目标是服务企业、社会和环境的共同可持续发展，其本质是企业的决策和活动做到公平与效率的有机统一。

重塑企业管理对象。企业的管理对象由原来的集中于企业价值链对象的管理扩展到更广泛的利益相关方关系管理。特别重要的是将企业社会责任理念融入其中，从而形成企业各利益相关方的和谐发展关系，取得各利益相关方更大范围的认知、更深程度的认同和更有力度的支持。

重塑企业管理方法。在企业治理理念上，要创造更多的形式，让更多的利益相关方参与公司的重大决策，包括企业管理目标的制定。在生产运营各环节上，更加重视发挥更多利益相关方的作用，使他们能以各种方式参与到企业生产运营的各个环节中来，包括企业的研发、供应、生产、销售及售后服务等，使每个环节都最大限度地减少对社会、经济和环境的负面影响，最大限度地发挥正面效应。特别是通过不断加强与利益相关方的沟通及对其关系的管理，企业能够更加敏锐地发现市场需求，能够更加有效地开拓全新的市场空间，把握商机。

中央企业社会责任管理推进成就

中央企业是我国国民经济的重要支柱，是国有经济发挥主导作用的骨干力量，履行社会责任是中央企业与生俱来的使命，全社会对中央企业履行社会责任有着更高的要求与期待。国务院国资委高度重视中央企业社会责任工作，通过理论研究、发布社会责任政策文件、制定发展战略、开展管理提升、开展总结评比、加强信息披露、开展国际交流、营造社会氛围等一系列措施推进中央企业履行社会责任。2022年3月，国务院国资委成立社会责任局，更好地组织指导中央企业积极履行社会责任，坚定不移做强做优做大国有资本和国有企业，加快打造世界一流企业。2024年6月，国务院国资委发布《关于新时代中央企业高标准

鞍钢集团：引领担当、价值共创型社会责任管理

履行社会责任的指导意见》，重点从目标要求、履责内容、推进机制方面对新时代中央企业社会责任工作作出安排部署，推动中央企业履行社会责任走在前、作表率。

在国务院国资委的指导下，一批深耕企业社会责任管理的中央企业不仅做到了在理论上有创新、在实践上有亮点，而且实现了管理上有升级、竞争力上有提升，推动企业社会责任管理发展进入新的境界。观察和研究发现，中国的一批一流企业通过探索社会责任管理推进企业可持续发展的新路径，形成了丰富多彩、成效显著的企业社会责任管理推进模式。

上榜《财富》世界500强的国家电网有限公司，经过十余年的持续探索，走出了一条双向驱动、示范引领的全面社会责任管理推进之道，全面社会责任管理的综合价值创造效应正在公司各个层面逐步显现。全球最大的投资建设企业——中国建筑集团有限公司走出了一条品牌引领型的社会责任管理推进之道，从开展社会责任品牌及理念管理出发，以社会责任理念重新定义企业使命，细化社会责任管理指标，通过将职能部门管理落实到企业生产运营过程中，形成了社会责任管理的完整循环。作为与大众生活息息相关的多元化企业，华润集团走出了一条以使命为驱动的履责之路，将使命作为社会责任工作的试金石，塑造责任文化，开展责任管理，推动责任践行，实现承担历史使命、履行社会责任和推动企业可持续发展的有机统一。中国核电以响应时代变革与利益相关方多元化诉求为驱动，形成了公众沟通驱动型社会责任管理。通过公众沟通找准公司社会责任管理的出发点和着力点，在推进社会责任管理提升的同时，对内培育富有激励、富有特色、积极向上的企业文化，对外提升中国核电的品牌影响力、感召力和美誉度，形成了"责任、品牌、文化"三位一体推进社会责任的管理之道。国家能源集团在原国电集团以"责任文化推动"、大规模发展新能源为主题和原神华

总　序（二）

集团"战略化组织化推动"、以化石能源清洁化和规模化发展为主题的履责特征的基础上，探索形成了可持续驱动的社会责任管理推进模式。其具体方式是以可持续方式保障可持续能源供应为目标，以"高层表率、再组织化、责任文化推动"为特征，以"化石能源清洁化，清洁能源规模化"为核心履责主题。中国三峡集团秉承建设三峡工程、护佑长江安澜的初衷，在实践发展中凝聚成"为国担当、为民造福"的责任初心，并以此为引领形成了初心引领型社会责任管理推进模式。其具体内涵是以责任初心为根本遵循，形成了由"战略定力""多方参与""机制保障""透明沟通"构建的四位一体推进路径，致力于创造利益相关方综合价值最大化。中国石油在"绿色发展、奉献能源，为客户成长增动力，为人民幸福赋新能"的价值追求引领下，在长期的社会责任管理实践过程中，形成了独具特色的价值引领型社会责任管理模式。公司识别出与自身发展紧密相关、利益相关方重点关注的八大责任领域，通过"理念引领、责任驱动、管理融入、影响评估"的系统管理流程，推动社会责任理念和要求融入战略、管理和生产经营，指引全体员工在工作岗位中自觉践行社会责任要求，实现了从理念、管理、行动到绩效的良性社会责任工作循环，持续创造了更高的经济、环境和社会综合价值。国家开发投资集团（简称国投集团）坚持以"投资创造更美好的未来"为使命，以"成为世界一流资本投资公司"为愿景，致力于成为"产业投资的引领者、美好生活的创造者、持续回报的投资者"，坚守"战略投资、价值投资、责任投资"理念，将ESG（环境、社会和企业治理）理念全面融入投前决策、投中监控、投后管理的投资管理全流程中，以责任投资实现价值增长，形成了责任投资驱动型社会责任管理模式，拥抱可持续发展。中交集团始终怀揣"让世界更畅通、让城市更宜居、让生活更美好"（以下简称"三让"）的企业愿景，将社会责任全面融入战略、管理和运营，逐渐形成了具有鲜明特

鞍钢集团：引领担当、价值共创型社会责任管理

色的愿景驱动型社会责任管理模式。其内涵在于以"三让"愿景为核心驱动力，在全集团范围内凝聚合力，形成由"精准引领""系统管理""全面实践""立体传播"构成的社会责任管理推进路径，推动中交集团持续创造经济、社会和环境综合价值。中国广核集团（以下简称中广核）始终坚持完整、准确、全面贯彻新发展理念，坚守"发展清洁能源，造福人类社会"的企业使命，深入开展责任沟通，深耕核安全、经济、社区、环境四大责任领域，形成具有中广核特色的使命引领、透明驱动型社会责任管理模式，也称为 NICER 社会责任管理模式。由内向外的使命引领和由外向内的透明驱动机制，促使中广核善用自然的能量的社会责任实践更实、更精、更深，助其成为世界一流企业履行社会责任的典范，也为全球可持续发展贡献中广核力量。

鞍钢集团公司（以下简称鞍钢集团）秉承"铭记长子担当，矢志报国奉献"初心，始终践行"长子鞍钢、品牌鞍钢、创新鞍钢、数字鞍钢、绿色鞍钢、共享鞍钢"的可持续发展理念，并将其全面融入企业制度、流程、绩效、文化各个方面，努力实现利益相关方综合价值最大化，由此形成了引领担当、价值共创型社会责任管理模式，打造高价值、高质量的社会责任实践标杆，与各方携手共建可持续发展的和谐社会。

我们欣喜地看到这些中国一流企业正在通过社会责任管理书写企业管理创新的历史，中国企业社会责任管理正在中央企业的带动下，登上世界企业管理的舞台。

中国企业管理发展的历史机遇

企业社会责任是经济社会发展到一定历史阶段的产物，是经济全球化和人类可持续发展对企业提出的更多、更高和更新的要求，也是人类

总　序（二）

对企业的新期待。社会责任管理是全球先锋企业在这一领域的新探索和新进展。社会责任管理对全球企业来讲都是一个新课题。如果说改革开放以来，中国企业一直处于向西方企业不断学习企业经营管理理念和经验的阶段，那么，社会责任的发展为中国企业提供了在同一起跑线上发展新型经营管理之道的难得机会。中国企业如果能创新运用社会责任管理理念和方法，率先重塑企业管理，将有望在全球市场竞争中赢得责任竞争优势，在为全球企业管理贡献中国企业管理经验的同时，引领新一轮更加负责任的、更加可持续的经济全球化。

本套丛书将首先面向中国社会责任先锋企业群体——中央企业，系统总结中央企业将社会责任理念和方法系统导入企业生产运营全过程的典型经验。其次，持续跟踪研究中国各类企业的社会责任管理实践，适时推介企业社会责任管理在中国各类企业的新实践、新模式和新经验。最后，借助新媒体和更有效的传播方式，使这些具有典型意义的企业社会责任管理思想和经验总结走出企业、走向行业、走向上下游、走向海内外，成为全球企业管理和可持续发展的中国方案样本。

本套丛书着眼于国内外、企业内外传播社会责任管理方面的做法和实践，主要有以下几个目标：面向世界传播，为世界可持续发展贡献中国企业智慧；面向中国传播，为中国企业推进社会责任管理提供样本；面向企业传播，为样本企业升级社会责任管理总结经验。

中国企业以什么样的精神状态拥抱新时代？坚定地推进企业社会责任管理，依然是一流中国企业彰显时代担当的最有力的回答。企业社会责任只有进行时，没有完成时，一流的中国企业要有担当时代责任的勇气、创新进取的决心，勇做时代的弄潮儿，不断在企业社会责任和可持续发展道路上取得新突破。这是世界可持续发展的趋势所向，也是中国企业走向世界、实现可持续发展的必由之路。

只有积极承担社会责任的企业才是最有竞争力和生命力的企业。创

鞍钢集团：引领担当、价值共创型社会责任管理

新社会责任管理将是企业积极承担社会责任的有效路径，是实现责任竞争力和长久生命力的新法门，希望这套中央企业社会责任管理之道丛书能为企业发展贡献绵薄之力。

企业社会责任管理无论是在理论上还是在实践上，都是一个新生事物，本丛书的编写无论是理论水平还是实践把握，无疑都存在一定的局限性，不足之处在所难免，希望读者不吝提出改进意见。

丛书总编辑
2024 年 11 月

序

斗转星移、沧海桑田，不知不觉中时光的车轮已经走过70余载，鞍钢集团与中国一同成长，见证时代的风云巨变。遥想当年，鞍钢人不畏挑战，团结奋起，在废墟上开工，建成中国最早的钢铁生产基地，担起的责任和使命已经铭记在历史长卷里。70多年后的今天，鞍钢集团已成为跻身世界500强的巨型"钢铁航母"，铸就中国"钢铁长子风范"。从奋力恢复生产到逐步成长壮大，鞍钢集团秉承"铭记长子担当，矢志报国奉献"初心，为中国钢铁事业播撒下粒粒火种，始终保持着旺盛的生命力和竞争力。

鞍山钢铁公司是中国第一个恢复建设的大型钢铁联合企业和最早建成的钢铁生产基地，为国家经济建设和钢铁事业发展作出了巨大贡献。2010年，经报国务院批准，鞍山钢铁集团公司与攀钢集团有限公司实行联合重组。重组后，新设立鞍钢集团公司作为母公司，鞍山钢铁集团公司与攀钢集团有限公司均作为鞍钢集团的全资子企业，不再作为国务院国资委直接监管企业。2021年，鞍钢集团与本钢集团实现了合并，本钢集团成为鞍钢集团的控股子公司。如今，鞍钢集团在中国东北、西南、东南、华南等地有九大生产基地，具备5300万吨铁、6400万吨钢、4.6万吨钒制品和50万吨钛产品生产能力。

鞍钢集团深知其发展不仅凝聚着几代鞍钢人的智慧和汗水，更得益于社会各界的大力支持，引领担当、价值共创型社会责任管理模式应运

鞍钢集团：引领担当、价值共创型社会责任管理

而生。该模式以实现伙伴、客户、股东、政府、环境、员工、社区等主要利益相关方综合价值最大化为主体，是鞍钢集团为利益相关方创造最大化综合价值的"缩影"。

引领担当，是鞍钢集团履行社会责任的动力之源。回望走过的70多年点滴历程，鞍钢集团铭记"钢铁工业的长子"担当，挑起中国建设的"大梁"，以创新为引领发展的第一动力，用源源不断的优质产品支撑国家的日趋强盛。时代更迭，鞍钢集团实现"凤凰涅槃、浴火重生"是社会各界赋予的使命与责任，也为其初心使命注入新的内涵。立足新发展阶段，鞍钢集团提出"长子鞍钢、品牌鞍钢、创新鞍钢、数字鞍钢、绿色鞍钢、共享鞍钢"的"新鞍钢"内涵，充分体现了社会责任理念和思路。在"铭记长子担当，矢志报国奉献"的初心引领下，鞍钢集团从2007年发布第一份可持续发展报告起，每年向社会各界展现"制造更优材料，创造更美生活"责任理念，以及在各个领域履行社会责任的具体实践。积极发挥"以报告促管理"作用，推动形成管理制度化、工作机制化、组织体系化、沟通透明化的工作格局，为扎实推进社会责任事业夯实了管理基础与保障。

价值共创，是鞍钢集团履行社会责任的不懈追求。鞍钢集团认为，履行社会责任的目的是为利益相关方创造最大化价值，也始终朝着这个目标不懈努力。坚持与伙伴同拍，聚焦"成为最具国际影响力的钢铁企业集团"愿景，坚持面向世界科技前沿、面向经济主战场、面向国家重大需求、面向人民生命健康，主动担负自主创新重任，大力实施创新驱动发展战略，勇当原创技术"策源地"，全力攻克"卡脖子"关键技术，携手伙伴构建和谐共赢产业链，共同提升钢铁行业发展的韧性和活力。坚持与客户同心，围绕优良产品、优质服务全力提升服务质量，满足客户多样化、个性化需求，打造具有行业竞争力的"钢铁旗舰"企业，夯实品牌之基。坚持与股东同频，秉持廉洁、诚信、公平竞争与合作的精神，营造风清气正的经营环境，携手各方打造价值共创、利益

共享的全球钢铁产业生态圈，走好稳健经营步伐，为加快建设高质量发展"新鞍钢"和世界一流企业汇聚磅礴动力。坚持与政府同向，深入贯彻落实区域协调发展战略，围绕国家战略需要，积极推动区域和全球业务布局优化，服务东北振兴、西部开发及城市发展，携手合作伙伴把握通往共同繁荣的机遇之路。坚持与环境同道，将碳达峰、碳中和作为践行新发展理念、融入新发展格局的重要工作内容，扛起率先实现碳达峰的央企责任，发布《鞍钢集团碳达峰碳中和宣言》，出台"鞍钢集团低碳冶金路线图"，编制《鞍钢集团碳达峰及减碳行动规划》，为全面实现绿色低碳发展聚力蓄能。坚持与员工同利，践行"以人为本"的发展思想，发扬"鞍钢宪法"精神，将每一名员工视作宝贵的财富，切实保护员工权益、关心关爱员工、丰富员工生活，为员工搭建安全、多元、平等与包容的广阔发展舞台，不断满足员工对美好生活的向往，提升员工获得感、幸福感、安全感。坚持与社会同和，肩负国家和历史使命，坚持做有责任、有担当的企业，在创造经济价值的同时，努力创造更多社会价值，坚持在发展中保障和改善民生，以赤子之心回馈社会。

累累硕果，是鞍钢集团履行社会责任的不竭动力。作为"共和国钢铁工业的长子"，鞍钢集团聚焦价值卓越、治理现代、规模领先、品牌卓著的世界一流企业目标，以打造世界一流的竞争力、治理力、生产力、影响力为着力点，加快补齐短板弱项，推动世界一流企业建设不断取得新成效。始终秉承"大企业要有大担当"的理念，不断推动企业、社会、环境协同发展，努力成为创造价值、富有责任、备受尊敬的企业公民，在打造责任央企、绿色央企、活力央企的道路上阔步前行，赢得广泛赞誉。

在未来创建世界一流企业的征程中，鞍钢集团将时刻秉承"铭记长子担当，矢志报国奉献"初心，用好"可持续发展"这把"金钥匙"，以实现经济、社会和环境综合价值最大化为目标，不断深化引领

鞍钢集团：引领担当、价值共创型社会责任管理

担当、价值共创型社会责任管理，从制度、文化、流程、绩效等方面持续推动管理落地和价值创造，坚持强一流管理、创一流价值、树一流形象，在新征程上继续乘风破浪、勇毅向前。

目 录

第一章　基因传承，焕发一流企业新活力 ………………………… 1
　第一节　"长子担当"，坚持社会责任融入血脉 ………………… 3
　第二节　创新务实，持续延伸社会责任内涵 …………………… 13

第二章　引领担当、价值共创型社会责任管理模式 ……………… 21
　第一节　模式构成 …………………………………………………… 23
　第二节　模式内涵 …………………………………………………… 25

第三章　知行合一，聚集社会价值创造力 ………………………… 39
　第一节　技术创新，携手伙伴自立自强 ………………………… 41
　第二节　品质优良，用心满足客户需求 ………………………… 50
　第三节　稳健经营，创造长远综合价值 ………………………… 53
　第四节　繁荣经济，赋能区域共享发展 ………………………… 59
　第五节　环境友好，人与自然和谐共生 ………………………… 65
　第六节　以人为本，筑造广阔成长平台 ………………………… 72
　第七节　乡村和美，助力百姓宜居宜业 ………………………… 79

第四章　务实笃行，推进价值创造结硕果 ········ 85
 第一节　铭记初心使命，创建世界一流 ········ 87
 第二节　携手利益相关方，共创多元价值 ········ 89
 第三节　全面强化利益相关方品牌认同 ········ 92

第五章　行稳致远，开启价值创造新征程 ········ 95
 第一节　崇德向善，强一流管理 ········ 97
 第二节　笃行致远，创一流价值 ········ 98
 第三节　品牌卓著，树一流形象 ········ 100

附录　鞍钢集团社会责任大事记 ········ 103

第一章

基因传承，焕发一流企业新活力

第一章 基因传承，焕发一流企业新活力

被誉为"共和国钢铁工业的长子""中国钢铁工业的摇篮"的鞍钢集团，在其70多年的发展历史长河中，始终秉承"铭记长子担当，矢志报国奉献"初心，坚定"制造更优材料，创造更美生活"使命，将社会责任理念根植于基因与血脉中，融入使命愿景、发展战略与日常经营中，充分考虑政府、股东、客户、伙伴等利益相关方诉求，聚焦产业引领、科技创新、开放共赢、绿色发展、乡村振兴等重点领域，持续、深入担当责任，用实际行动贡献经济社会可持续发展，打造高质量发展"新鞍钢"，当好国内钢铁行业高质量发展的排头兵，努力成为具有全球竞争力的世界一流企业。

第一节 "长子担当"，坚持社会责任融入血脉

70多年前，鞍钢集团在废墟上起步，建成中国第一个大型钢铁联合企业。70多年以来，鞍钢集团始终肩负历史赋予的使命，秉承"铭记长子担当，矢志报国奉献"初心，将"钢铁报国"的重任扛在肩上，从奋力恢复生产到逐步成长壮大，从粗放经营到集约发展，挺起国之重器的"钢铁脊梁"，成为跻身世界500强的巨型"钢铁航母"，铸就中国"钢铁长子风范"。

一、闻令而动，中国第一个大型钢铁企业恢复生产

1948年11月，东北全境解放，浴火重生的鞍钢①回到了人民的怀抱。工业化成为中国的必然追求，而钢铁工业是实现工业化的"地基"。解放初期的鞍钢厂区一片废墟，荒草丛生，残存的设备破败不堪，根本没有恢复生产的可能。面对恢复生产的重重困难，当家作主的鞍钢人铆足干劲，以高度的主人翁精神和高涨的热情全身心投入全面修复工作中。

克服重重困难，鞍钢这架曾经遭受严重破坏的巨大工业机器开始转动起来。由于恢复高炉的材料、工具极度匮乏，一场声势浩大的群众性献交器材运动轰轰烈烈地开展起来。献交器材运动持续了两个月，为鞍钢的修复打下了物质基础。短短半年多，鞍钢就炼出第一炉铁水和第一炉钢水。在解决修复设备急需品之后，开展了恢复生产立功竞赛运动。广大职工不计工时，不计报酬，不怕困难，全心全意扑在恢复生产建设上，掀起大规模修复设备、恢复生产的群众运动高潮，极大加快了修复进度，修复工程和生产数量基本上都完成并超过了原计划。到1949年6月底，鞍钢已有两座矿山、两座炼焦炉及一座高炉、两座平炉、六个轧钢厂、两个金属制品厂及耐火材料厂全部或部分复工投产，全面开工生产的条件已经具备。

鞍钢举行开工典礼，宣告中国第一个大型钢铁联合企业正式开工。1949年7月9日，两万多名职工齐聚在"大白楼"广场，参加盛大隆重的"鞍钢开工典礼庆祝大会"，如图1-1所示。作为主要依

---

① 在本书中，"鞍钢"指代鞍山钢铁公司或其前身，是历史悠久的钢铁企业。"鞍钢集团"指代鞍钢集团公司，于2010年5月由鞍山钢铁集团公司和攀钢集团有限公司联合重组而成，是国务院国有资产监督管理委员会监管的中央企业，是鞍山钢铁公司的母公司或控股公司，也是"鞍钢"的延伸和扩大。

靠自身力量建起的中国第一个钢铁基地,鞍钢被誉为"共和国钢铁工业的长子"。

图1-1 "鞍钢开工典礼庆祝大会"主席台

鞍钢从一片废墟中站了起来,有力支撑了中国经济建设的平稳起步。开工仪式以后,鞍钢以奇迹般的速度进入全面恢复期,中国钢铁工业也踏上了伟大的历史征程。1953年12月,鞍钢大型轧钢厂、无缝钢管厂、7号炼铁高炉"三大工程"竣工,成为划时代事件。"一五"期间,鞍钢的产量很快就超过中国成立前年份的最高产量,每年生产的钢、铁、钢材均占全国总产量的一半以上。

二、艰难求索,燃起工业企业改革"第一把火"

鞍钢的发展,蕴含着改革创新的基因。从开工的那天起,鞍钢就为中国钢铁工业的画卷植入了改革的亮色,在中国工业管理中树立了鲜明的榜样。

在从恢复生产到逐步成长壮大中，探索建立社会主义工业企业管理模式。20世纪60年代初，鞍钢实行的"两参一改三结合"企业管理制度，被称为"鞍钢宪法"。"鞍钢宪法"始终是鞍钢人砥砺前行的精神灯塔，也成了中国工业改革和管理的重要参考，其体现出的改革创新精神、民主管理理念等，不仅在神州大地开花结果，还漂洋过海在世界范围内产生巨大影响，至今仍然闪烁着光芒，如图1-2所示。"鞍钢宪法"被写入《中国共产党一百年大事记（1921年7月—2021年6月）》。

图1-2 掀起学习"鞍钢宪法"的热潮

改革开放以来，不断深化改革，转换管理体制和经营机制，建立现代企业制度。20世纪90年代中期，鞍钢跌入发展的低谷。面对严峻形势，鞍钢按照党中央、国务院关于深化国有企业改革，建立现代企业制度的要求，连续开展了以"痛失一汽传统市场的反思与警醒""如何振兴鞍钢"等为内容的解放思想大讨论,以建立现代企业制度为方向,不断深化改革,调整与生产力发展不相适应的体制、机制和制度,为企业发展注入强大动力。2010年,鞍山钢铁集团公司与攀钢集团有限公司联合重组,成立鞍钢集团公司(以下简称鞍钢集团)。2017年12月,改制为鞍钢集团有限公司。2021年,重组本钢集团有限公司(以下简称本钢),揭牌成立鞍钢集团本钢集团有限公司(以下简称鞍钢集团本钢集团)。回首本钢的发展历程,也是在不断改革中谋求发展,筑牢百年本钢基业长青的品牌信誉。在社会主义建设时期,本钢在中国工业化进程中,特别是钢铁工业的发展中发挥了重要作用,被誉为"共和国的功勋企业"。党的十一届三中全会以后,本钢重新焕发青春与活力。1994年,本钢被国务院确定为全国百家现代企业制度试点单位之一。1997年,本钢被国务院确定为全国120家大型企业集团试点单位。2010年,在辽宁省委省政府的主导下,本钢完成与北钢的合并重组,组建成立了本钢集团有限公司。2021年,本钢正式成为鞍钢集团控股二级子企业。

近年来,鞍钢集团以改革为牵动,建立起灵活高效的市场化、专业化体制机制,健全高效运转、有效协调的管控体系,致力于全面释放内生活力、发展动力。

三、自主创新,书写中国钢铁工业创新发展的光荣历史

作为从废墟中崛起的"共和国钢铁工业的长子",鞍钢集团始终以掌握冶金前沿技术和装备国产化为己任,以创新为"引领发展的第一动力",不懈奋斗,培育了一大批创新领域人才,开发出一大批国内独有产品,取得一系列丰硕科研成果,创造了中国钢铁工业创新发展的光荣历史。

玉汝于成,创新基因深植于鞍钢人的血脉中。从开工之日起,在没

有"教科书"可供学习借鉴的情况下，鞍钢把创新作为从废墟上崛起的"第一动力"，广泛开展增产节约、技术革新和提合理化建议等技术创新活动，不仅快速恢复了生产，而且引发了全国性的"两革一化"运动。通过抓关键部位的技术改造、采用新技术等，当时鞍钢主要技术经济指标全部超历史水平。

攻克"卡脖子"技术，建设拥有自主知识产权的产线、基地。鞍钢集团通过多年的努力，自主开发我国第一条拥有全部自主知识产权及国际先进水平的1700中薄板坯连铸连轧带钢生产线，并成功输出到济钢集团有限公司；自主集成创新建设国内首座拥有自主知识产权的高效、紧凑、节能型和生态保护型的鞍钢集团西部500万吨现代化精品板材基地；采用当今世界钢铁工业最先进的技术装备和工艺，在鲅鱼圈建成中国首个自主设计、技术总负责的新型沿海绿色钢铁联合企业；鞍钢集团本钢集团是辽宁省钢铁产业产学研创新联盟的牵头单位，是中国质量协会确定的"质量管理创新基地"，拥有国家级技术中心和检测中心，建有先进汽车用钢开发与应用技术国家地方联合工程实验室等研发平台，在汽车板、高强钢、硅钢、棒线材等产品生产和研发中处于国内领先水平……成功扭转了大型冶金装备受制于人的局面。

诞生无数个"第一"，成功填补了国内空白。鞍钢集团生产出我国第一根无缝钢管、第一根大型材、第一根钢轨、第一卷热轧卷与第一张宽厚板、第一卷冷轧卷板与彩色涂层板、第一根螺纹钢筋等，以及生产我国第一个大型先进水轮机转轮部件，自主研制生产出我国第一块蜗壳钢板用于三峡电站，自主研发生产转向架高端用钢等成果，成功填补了国内空白，打破了长期以来国外垄断的局面。

加速技术转化应用，挺起中国建设的钢铁脊梁。鞍钢集团以国家科技重大专项、重大工程、"卡脖子"技术等为方向，成功研发系列高端用钢制造技术，拥有完整的产品系列。鞍钢集团高端产品广泛应用于国产航母、"蓝鲸一号"超深水钻井平台、"华龙一号"核电机组、港珠澳大桥等国家重点工程；高强汽车钢成功应用于各大汽车整车厂；桥梁钢、重轨和核电用钢乘着"一带一路"建设的"东风"，走出国门，享誉世界。一项项产品应用在大国重器上，助力国家战略，挺起"钢铁脊梁"。

案例：钢轨纵横神州连通世界

用实际行动践行着"中国有铁路的地方就有鞍钢钢轨"的誓言，从中国第一根钢轨到中国修建的第一条铁路，再到第一根高速钢轨、第一条高速铁路，助力中国铁路实现6次大提速。1966年，鞍钢试制成功我国第一支25米定尺钢轨；2001年，鞍钢π型钢供货于国内首条磁悬浮列车；2008年，鞍钢钢轨托举起中国第一条高速铁路——京津城际高铁；2010年，鞍钢钢轨托举起刷新世界铁路运营试验最高速度、最高时速达到416.6千米的沪杭高速铁路……

案例：桥梁钢支撑一座座大桥跨越江河湖海、深山峡谷

鞍钢集团是国内最早生产桥梁用钢的企业，始终将"钢铁报国"的重任扛在肩上，使中国桥跨江越海、连通世界。从中国第一块桥梁钢的"争气钢"到撑起港珠澳大桥的"主心骨"，"中国桥"这张名片的背面清晰地刻印着"鞍钢"二字。1968年，我国自行设计和建造的第一座长江大桥——南京长江大桥通车，鞍钢桥梁钢强力支持其建设；2018年，世界最长跨海大桥——港珠澳大桥开通，鞍钢集团为这座世界级的"超级工程"贡献了17万吨桥梁钢……

鞍钢集团：引领担当、价值共创型社会责任管理

案例：汽车用钢始终与中国汽车工业同行

汽车是现代社会生活不可或缺的交通工具，鞍钢集团的汽车用钢始终与中国汽车工业同行，与时代同步加速奔跑。1957年，中国第一辆解放牌CA10横空出世，使用的就是鞍钢汽车板，因而鞍钢成为国内最早的汽车板供应企业。而后，一系列高品质轿车用钢从鞍钢走出，被应用到各种汽车品牌车身上，鞍钢汽车钢用实力支撑了中国汽车行业的发展。

案例：海工钢成为中国海洋装备制造的钢筋铁骨

从20世纪50年代开发出万吨巨轮所需要的造船板，到而今海工用钢问鼎国内多项第一，鞍钢集团成为国内认证级别最高、规格最全、品种最多、产量最大、资质最全的船舶及海洋工程用金属材料生产、研发基地，鞍钢集团海工钢助力"中国船""中国号""中国舰"扬帆奋进、逐梦蔚蓝。

案例：核电用钢助力核能材料研发、生产、制造及标准自主化

鞍钢集团核电用钢的研制与开发可以追溯到20世纪80年代。如今，鞍钢集团核电用钢在中厚板、热轧、冷轧及螺纹钢筋等领域取得了突破，跨越了碳钢和不锈钢两大领域，建立完善了四大核电用钢产品系列，实现了一系列依赖进口的核电关键设备材料国产化，还开发了众多全球首发产品，实现了核级材料及标准的自主化。

案例：管线钢打通油气管道事业血脉经络

从内陆到深海、从超厚到低温，鞍钢集团管线钢化身巨龙，构建遍布全中国的能源"大动脉"，与中国油气管道事业同命运、共发展。同时，突破国界，助力中国逐步形成连通中外、惠及多国的油气供应和市场网络，打通"一带一路"建设的"血脉经络"。1958年，我国第一条原油输送管线全部钢材均来自鞍钢；2001年，攻克国产X70管线钢系列生产难题，并应用于西气东输工程建设。此后，几千吨、几万吨的X60、X65、X70、X80、X100级别管线钢从鞍钢集团走出，在中俄东线天然气输气管道等重点工程中得到广泛应用。

> **案例：加快以高端应用为主的钒钛新产品、新技术开发**
>
> 鞍钢集团依托得天独厚的钒钛资源优势，承担高效绿色开发钒钛磁铁矿综合利用使命，首创雾化提钒、"非真空连续生产钒氮合金"技术，自主研发升级转炉提钒等技术，逐步发展成为世界第一产钒企业，拥有从钛原料到钛化工、钛金属的全产业链企业，中国重要的硫酸法、氯化法钛白粉生产企业。

> **案例：特殊钢材支撑起国民经济大部分行业用钢**
>
> 鞍钢集团打造全国最具特色的高端特殊钢材研发生产基地，向着"中国高端金属材料领军者"的目标奋力前行。拥有航空用钢、化工尿素级不锈钢、核能用高纯钢、高温合金及耐腐蚀合金、宽模具扁钢等多项专利、专有技术，以及研制的抗氢脆HR系列钢等填补了国内空白。特殊钢材产品已广泛用于兵器工业、航空、航天、航海、电子、机械、石油化工、医药、核电等领域。

四、播撒火种，成为孵化"中国钢铁工业的摇篮"

70多年来，鞍钢集团对中国工业建设的支撑不仅包括钢材，还包括人才、技术和经验。从"全国支援鞍钢复工"，到"鞍钢支援全国建设"，鞍钢为中国钢铁事业无私播撒下粒粒火种。

1950年年初，党中央发出全国支援鞍钢的号召，陆续从全国各地调来500多名县、地级以上干部支援鞍钢。从华东、中南、华南等招近600名文化素质高、有专业技术知识的工程技术和管理人员参加鞍钢的生产建设。他们一边坚持生产，一边修复，用不到一年的时间就支持鞍钢实现了全流程恢复生产，堪称奇迹。

随着社会主义建设热潮到来，鞍钢开始支援全国钢铁行业建设。鞍钢"出了钢材，还要出人才"，迅速培养人才，支援全国钢铁工业建设。1953年年底，"三大工程"相继建成投产，鞍钢成为名副其实的钢铁联合企业，也成为中国钢铁工业的顶梁柱，开始抽调人员支援全国钢

鞍钢集团：引领担当、价值共创型社会责任管理

铁生产和建设。从20世纪50年代起，鞍钢向全国各地钢铁企业及冶金工业领导机关、科研设计单位、基本建设单位，先后输送各级领导干部、工程技术人员、业务管理人员28878名，技术熟练工人96501名，共计125379人；本钢先后对北满钢厂、西宁钢厂、酒泉钢厂、包钢、攀钢、宝钢等国内20多个大中型冶金企业输出干部职工和各类技术人才达38301人。鞍钢人的足迹遍布全国各地，将"钢铁强国"的希望播撒在全国各地。一座座钢铁基地在各地拔地而起，中国工业家底日渐丰厚。

鞍钢是钢铁行业的摇篮，也是钢铁行业英模英才的摇篮。鞍钢集团树立"既出钢材，又出人才"的理念，搭建人才成长平台，提升职工获得感。把为困难职工办实事、做好事、解难事作为工作的出发点和落脚点，构建起帮扶工作体系，关心关爱困难职工，实实在在提升职工的幸福指数。设立专项资金，完善激励机制，以职工创新工作室、劳动竞赛、先进操作法评选、"百岗千法创效、万人竞技登高""蓝领创客空间"等群众性技术创新平台为载体，挖掘职工创新潜力和成长空间，实现职工与企业共成长。70多年以来，鞍钢集团涌现出一批批楷模、人才，包括中国成立后的第一代全国劳动模范孟泰，"走在时间前面的人"王崇伦，为后人留下宝贵的精神财富、全心全意为人民服务的同志——雷锋，助人为乐的道德模范、新时期学习实践雷锋精神的优秀代表——"当代雷锋"郭明义，荣获"当代发明家"、全国"时代楷模"等称号的李超……

第二节 创新务实，持续延伸社会责任内涵

回望70多年点滴历程，鞍钢集团秉承"铭记长子担当，矢志报国奉献"初心，挑起中国建设的"大梁"，以创新为"引领发展的第一动力"，用源源不断的优质产品为国家日趋强盛奠定基础；深化改革，探索现代化企业管理机制，支撑企业持续做强做优；坚持兼容并包、融通互补，构筑钢铁产业共建共享生态圈。

时代更迭为鞍钢集团的初心使命注入新的内涵。鞍钢集团深知其发展不仅凝聚着几代鞍钢人的智慧和汗水，更得益于社会各界的大力支持。同时，也相信保持旺盛生命力和竞争力的根源在于鞍钢集团能够始终牢记使命，认清不断变化的形势，主动倾听外界声音，积极转变发展思路，平衡和满足更多利益相关方的期望，在努力实现自身高质量发展的同时，为钢铁行业，乃至全球的可持续发展贡献鞍钢智慧与鞍钢力量。

一、与时俱进，履责实践更加广泛深入

时代在不断发展，进入新的历史时期，实现"凤凰涅槃、浴火重生"是社会各界赋予鞍钢集团的使命与责任。鞍钢集团在回顾过往、继承传统的基础上，立足当下、着眼未来，积极践行新发展理念，不负利益相关方厚望，持续完善中国特色现代企业制度，推进产业数字化、绿色化转型升级，努力实现自身高质量发展，也为满足人民对美好生活的向往而奋斗。

（一）贯彻新发展理念，加快建设高质量发展"新鞍钢"

进入新时代，鞍钢集团"凤凰涅槃、浴火重生"，立足新发展阶

鞍钢集团：引领担当、价值共创型社会责任管理

段，完整、准确、全面贯彻新发展理念，提出"长子鞍钢、品牌鞍钢、创新鞍钢、数字鞍钢、绿色鞍钢、共享鞍钢"的"新鞍钢"内涵，如表1-1所示。"新鞍钢"内涵既是一种发展战略，又是一个宣言，与社会责任理念不谋而合，体现鞍钢集团更加重视政府、股东、客户、环境、员工等利益相关方诉求，践行政治责任、经济责任、社会责任，勇担使命，迎难而上，加快建设高质量发展"新鞍钢"。

表1-1 "新鞍钢"内涵解读

内涵	内容
长子鞍钢	"坚持党的领导、加强党的建设"始终是鞍钢的"根"和"魂"，要牢记鞍钢姓党，以服务国家战略为己任，铭记"钢铁工业的长子担当"，矢志报国奉献，把党的领导贯穿改革发展全过程，弘扬劳模精神、劳动精神、工匠精神和新时代"鞍钢宪法"精神，践行政治责任、经济责任、社会责任
品牌鞍钢	坚持质量第一、效益优先，锚定"7531"战略目标，实施"双核"战略，培育打造"第三极"，勇当原创技术"策源地"、现代产业链"链长"，制造更优材料，创造更美生活，持续提升产品竞争力、市场占有率和品牌影响力，成为钢铁行业高质量发展排头兵，建设具有全球竞争力的世界一流企业
创新鞍钢	激发创新第一动力，加大科技投入，加快提升技术创新能力，建设科技型领军企业；深化体制机制创新、管理创新，推动质量变革、效率变革、动力变革，打造国企改革样板，激发内在活力
数字鞍钢	推进产业数字化、数字产业化，形成面向生产全流程、管理全方位、产品全生命周期的智能制造模式，提升信息技术服务应用能力，加快"数字蝶变"，赋能转型升级

续表

内涵	内容
绿色鞍钢	坚持绿色制造、低碳发展，健全绿色制造体系，研发应用低碳冶金技术，深入打好污染防治攻坚战，打造绿色工厂，生产绿色产品，促进人与自然和谐共生，为实现碳达峰、碳中和的目标贡献鞍钢集团力量
共享鞍钢	坚持以人民为中心，企业与职工同利同行，发展为了职工、发展依靠职工、发展成果由职工共享，不断提升职工获得感、幸福感、安全感，满足人民日益增长的美好生活需要

（二）坚持一脉相承，新时代赋予"鞍钢宪法"新内涵

实践没有止境，理论创新也没有止境。鞍钢集团坚持弘扬"鞍钢宪法"精神，积累了丰富的实践经验，实现从小到大、由弱到强的历史性跨越。新时代，鞍钢集团坚持一脉相承、与时俱进，以习近平新时代中国特色社会主义思想的世界观和方法论为指引，深度总结、精准提炼弘扬"鞍钢宪法"精神的新实践，赋予鲜明的时代特征、理论积淀、实践模式，为完善中国特色现代企业制度、加快建设世界一流企业提供鞍钢案例。

从强化政治担当、加强党的领导、依靠职工群众、坚持"两参一改三结合"、推进改革创新等维度，赋予"鞍钢宪法"新的内涵。强调"强化政治担当"，始终把党的政治建设摆在首位，不断提高政治判断力、政治领悟力、政治执行力。强调"加强党的领导"，把党的全面领导嵌入建设世界一流企业全过程，把方向、管大局、保落实，增强各级党组织的政治领导力、思想引领力、群众组织力、社会号召力。强调"依靠职工群众"，弘扬劳动精神、奋斗精神、奉献精神、创造精神、勤俭节约精神，发挥职工群众主力军作用，打造使命共担、责任共尽、

情感共融、利益共享的命运共同体。强调"坚持'两参一改三结合'"，干部参加一线实践要在实践中同一线职工群众保持密切联系，转作风、接地气、强本领、出实招；职工参与现代治理必须突出职工主体地位，健全吸纳民意、汇聚民智工作机制；改革与建设世界一流企业不相适应的规章制度；管理人员、技术人员、生产人员三结合，打造优势互补、力量叠加、协同攻关的高水平创新创效团队。强调"推进改革创新"，坚持问题导向、目标导向和结果导向，补短板、强弱项、固底板、扬优势，实施系统性、整体性、协同性改革；提升技术牵引、产业变革创新力，打造更多"拳头"产品，推动"5G＋工业互联网"等数字技术进步，持续发展前沿低碳冶金技术，推动钢铁高端化、智能化、绿色化发展。

（三）坚持与时俱进，引领商业向善，赋能美好未来

新时代奔腾而来，鞍钢集团不仅注重内在实力修炼，也注重发挥专业优势培养外在"魅力"，将数字化、绿色化、普惠化视为产业经济发展的重要方向，全面推进数字化发展、绿色转型，并用发展成果回馈社会，相关履责实践越来越广泛，也越来越深入。

加快新一代数字技术与企业场景深度融合。依托"5G＋"工业互联网，鞍钢集团正在全面推进的数字化转型和智慧制造已初见成效。智慧炼钢系统让职工们拥有"透视眼"和"数字大脑"，实现冶金制造工艺的仿真优化、数字化控制和自适应、自决策控制，促进产品全生命周期、用户服务、供应链一体化协同应用，全方位提升企业管理和服务能力。

绿色环保实践相伴相生、纵深推进。早在20世纪中叶，鞍钢就开展了"三废"科研攻关，召开了第一次环境保护工作会议。党的十一届三中全会以后，鞍钢把治理污染、合理利用"三废"资源列入技术改造计划和公司生产经营目标管理。"六五"至"九五"期间，提出"生产要发展，环保要大上，厂容要改善"的指导思想，加大污染治

理，实施科学化、系统化节能管理；"九五"以来，坚定不移地走新型工业化道路，依靠自主创新，实现"少投入、多产出、低污染、高效益"。党的十八大以来，鞍钢集团积极践行"绿水青山就是金山银山"生态文明理念，实施节能减排、污染治理，以最低的消耗和最小的排放，完成钢铁产品生产，将绿色制造理念融入冶金生产全过程。2020年，"2030年实现碳达峰，2060年实现碳中和"的战略目标提出以后，鞍钢集团将系统观念贯穿"双碳"工作全过程。近年来，有序推进复垦工程，有效增加生态碳汇，依托自身工艺装备先进、技术积累雄厚的优势，研发生产绿色钢铁产品，开发研制镍钢系列产品，为我国清洁能源建设添砖加瓦；研发生产的耐腐蚀钢，为电力、桥梁等行业高质量、可持续发展提供坚实基础；成功生产的超高强汽车用钢，满足汽车轻量化和绿色环保要求，促进人类与自然的和谐共生。

以赤子之心回馈社会，持续深入推进。作为负责任、有担当的中央企业，鞍钢集团始终以赤子之心、深沉之爱回馈社会。1976年7月，唐山大地震后，由五百名工程技术人员组成的鞍钢救援队奔赴唐山，把抢修任务工期整整缩短了15天，受到唐山人民的交口称赞。2008年5月汶川地震发生后，鞍钢第一时间向灾区提供1000万元的捐款；随后的一年里，累计向地震灾区捐款4659万元，还紧急支援生产赈灾钢材16万多吨。2015年至今的每年汛期，在岫岩满族自治县石灰窑镇遭受洪水灾害之时，鞍钢都会主动伸出援手，派出救援车和抢险队、捐款捐物，帮助灾区人民渡过难关。"十三五"期间，鞍钢集团承担了10县12村的帮扶任务，贯彻落实党中央、国务院脱贫攻坚重大战略部署，进一步压实帮扶责任，创新帮扶机制方式，加大资金投入，把改善民生作为帮扶工作的首要任务，创新培育产业扶贫、消费扶贫、就业扶贫等扶贫特色项目，助力打赢精准脱贫攻坚战。"十四五"以来，严格落实"四个不摘"要求，保持接续帮扶政策总体稳定、帮扶资金不减、帮扶干部派驻力度不减、帮扶重点突出，围绕产业、人才、文化、生态、组织全面助力乡村振兴，持续巩固拓展脱贫攻坚成果。鞍钢集团定点帮扶工作连续三年被中央农村工作领导小组评价为"好"。

（四）坚持开放共享，融入全球经济发展的大格局

近年来，鞍钢集团加快"走出去"发展步伐，以更加开放的姿态积极参与全球竞争，大力发展海外贸易，积极谋划海外投资，加快海内外技术交流，构建全球产业生态圈，已经成为世界钢铁"产业链"上的重要一环。一个更加开放包容、更加昂扬向上的鞍钢集团正舒展双臂、拥抱世界。

建立国际化优质采购供应链。从国外采购优质铁矿石、煤炭、成套设备及备品备件，实现了全球范围内原燃材料及设备的高质量采购。同时，与一批世界知名钢铁设备制造商实现全面合作，共同推动钢铁生产装备和技术进步，协同提升钢铁采购供应链的价值创造能力。

提供面向全球的产品服务。构建了面向世界的国际化服务网络，产品销售覆盖全球70多个国家和地区，提供的优质钢材与服务为众多国家城市建设、交通运输、能源开发作出了重要贡献。从美国韦拉扎诺海峡大桥到德国莱茵河大桥、瑞典思鲁森大桥、马尔代夫中马友谊大桥等国外重点桥梁工程，桥梁钢"联通"世界；精品钢轨为尼日利亚、肯尼亚、巴基斯坦等共建"一带一路"国家和地区高速铁路的快速发展提供产品技术支持……"鞍钢制造"输送到世界各地，满足人们更经济、更快捷的联通需要，以及更安全、更高品质的生活需要。

强强联合加强跨国合作。鞍钢集团拥有500多家国内外客户及合作伙伴，与蒂森克虏伯、神户制钢等世界一流企业跨国建立长期的战略合作关系，共同合作研发先进产品。与蒂森克虏伯在大连、重庆、广州合作建立高强汽车钢加工线，以德国先进的制造装备和成熟的管理经验为基础，充分发挥鞍钢集团先进的技术优势，生产制造高强热镀锌钢板，

打造精品汽车钢生产基地；与神户制钢合作建立鞍神高强汽车钢有限公司，共同研究生产汽车用冷轧高张力薄钢板装备与技术工艺，携手进军高端汽车钢板市场。

二、相辅相成，责任管理更加细致科学

在"铭记长子担当，矢志报国奉献"初心引领下，鞍钢从2007年发布第一份可持续发展报告起，每年向社会各界展现"制造更优材料，创造更美生活"责任理念，以及社会责任管理与实践的进展与成效。同时，积极发挥"以报告促管理"作用，推动形成管理制度化、工作机制化、组织体系化、沟通透明化的工作格局，为扎实推进社会责任事业夯实了管理基础与保障。

建立社会责任报告发布制度，与利益相关方进行常态化沟通。2007年，鞍钢集团发布第一份可持续发展报告。截至2023年9月，已经连续16年发布了可持续发展报告，并建立了管理职责明确、管理流程优化、工作制度严密、组织体系健全、监督考核严格、报告内容翔实和全面的报告发布制度。此外，注重推进所属企业社会责任信息披露和社会责任管理工作，邀请外部专家为鞍钢股份、攀钢钒钛、鞍钢集团本钢集团等所属企业开展社会责任培训，完善社会责任报告制度和社会责任管理体系。

制定社会责任指标体系，助力价值提升和管理改进。2010年，鞍钢集团按照国务院国资委《关于中央企业履行社会责任的指导意见》要求，参照全球报告倡议组织（GRI）《可持续发展报告指南》、国际标准化组织发布的ISO 26000《社会责任指南》、《中国企业社会责任报告指南》以及有关行业指引等要求，制定了企业社会责任与可持续发展管理制度和涵盖战略管理、经营绩效、技术创新、资源环境、员工保护和社会发展等方面的指标体系，量化和细化企业社会责任与可持续发

鞍钢集团：引领担当、价值共创型社会责任管理

展的工作内容，作为鞍钢集团履行、监督、改进、考核社会责任与可持续发展工作的依据和标准。

完善社会责任组织体系管理职能，夯实社会责任人才保障。2013年，建立健全社会责任组织工作体系，从总部到子企业、从管理到执行，自上而下系统梳理工作流程，明确领导责任和归口管理部门，清晰界定工作职责和任务，统筹协调和推进社会责任管理工作，推动社会责任理念深植基层，全面融入日常实践。2014年，编制印发《鞍钢集团公司社会责任管理办法》，对企业社会责任管理体制和运行机制进行了规范和优化。

持续对标分析先进企业，指导改进社会责任工作。从2018年起，鞍钢集团连续多年从国内外社会责任发展趋势、国际先进钢铁企业对标等方面开展社会责任研究，每年撰写形成《鞍钢集团有限公司社会责任工作评估报告》，全面分析鞍钢集团社会责任管理状况，为完善社会责任管理体系奠定基础、指明方向。

深化社会责任传播，更好回应利益相关方需求。鞍钢集团以《鞍钢日报》、鞍钢视讯、鞍钢集团官网、鞍钢集团微博、鞍钢集团"摇篮鞍钢"公众号和鞍钢集团博物馆、网上博物馆等多种媒体、平台，以及通过参加政府、高校、行业协会等机构组织的各类会议，向政府、专家、社会公众展示鞍钢集团文化、优秀责任管理实践，回应利益相关方关切的问题，树立企业良好的海内外责任形象。同时，重视企业对社会的开放，已形成以鞍钢集团博物馆为基地，以孟泰纪念馆、雷锋纪念馆、郭明义爱心工作室等各文化阵地为依托，以采矿、冶炼、轧钢等主要生产线为支撑的各具特色的开放线路，社会公众可以更直观地了解鞍钢集团的历史、文化和鞍钢集团在价值创造、技术创新、环境保护、社会责任等方面的工作和成效。

第二章

引领担当、价值共创型社会责任管理模式

第二章 引领担当、价值共创型社会责任管理模式

鞍钢集团始终践行"长子鞍钢、品牌鞍钢、创新鞍钢、数字鞍钢、绿色鞍钢、共享鞍钢"的可持续发展理念，并将其全面融入企业制度、流程、绩效、文化各个方面，努力实现伙伴、客户、股东、政府、环境、员工、社区等利益相关方综合价值最大化，与各方携手共建可持续发展的和谐社会，由此形成了引领担当、价值共创型社会责任管理模式，打造高价值、高质量的社会责任实践标杆，为鞍钢集团成为具有全球竞争力的世界一流企业提供指引。

第一节 模式构成

鞍钢集团历经多年社会责任探索与实践，提炼形成了引领担当、价值共创型社会责任管理模式，包含责任理念、利益相关方沟通、履责行动、系统管理四大子模块，为集团管理其决策和活动的社会影响提供了系统框架。

引领担当、价值共创型社会责任管理模式以钢铁齿轮抽象图为造型，包括最外圈齿轮的七大利益相关方及其端面所对应的七大价值创造，中部轴线中的四大责任融入推进机制，以及最内圈层的初心使命，如图2-1所示。该模式可概括为"ANSTEEL"模式，即通过技术创新（Advanced）、品质优良（Nice）、稳健经营（Steady）、繁荣经济（Thriving）、环境友好（Eco-friendly）、以人为本（Employee-oriented）、乡村和美（Livable）七大领域的行动，分别实现伙伴、客户、股东、政府、环境、员工、社区七大主要利益相关方综合价值最大化。该模式既概括了鞍钢集团社会责任七大典型实践行动，又与鞍钢集团的英文名称一致，体现了鞍钢集团与生俱来的与利益相关方之间的紧密连接，也

鞍钢集团：引领担当、价值共创型社会责任管理

方便利益相关方通过该模式建立起与鞍钢集团的联系。

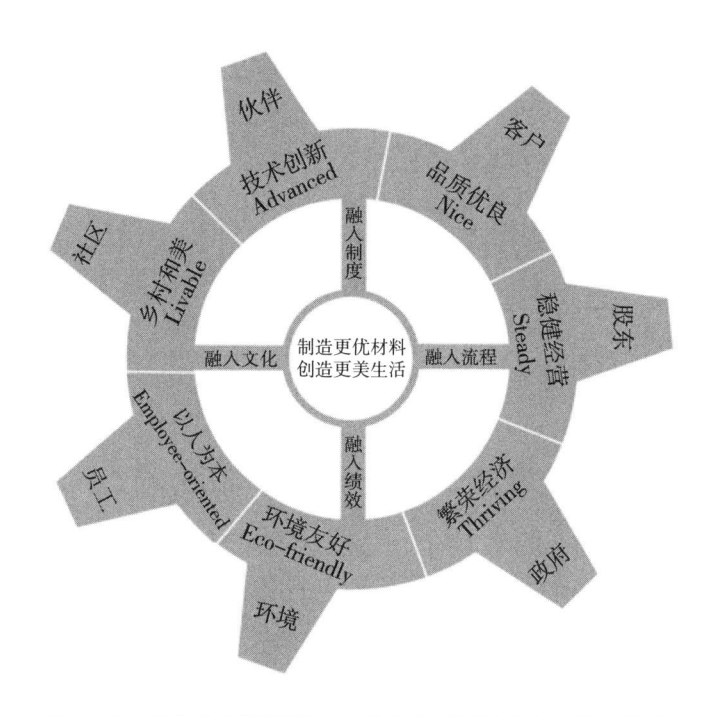

图 2-1 鞍钢集团引领担当、价值共创型社会责任管理模式

引领担当、价值共创型社会责任管理模式由内而外包含四大子模块：责任理念子模块、利益相关方沟通子模块、价值创造子模块、系统管理子模块。

责任理念子模块是鞍钢集团开展社会责任管理的方向引领。新时代，鞍钢集团秉承"铭记长子担当，矢志报国奉献"初心，坚定"制造更优材料，创造更美生活"使命，以此为理念，创新、求实、拼争、奉献，驱动打造高质量发展"新鞍钢"，当好国内钢铁行业高质量发展的排头兵，努力成为具有全球竞争力的世界一流企业。

利益相关方沟通子模块是鞍钢集团开展社会责任管理的驱动力。该

模块包括伙伴、客户、股东、政府、环境、员工、社区七大主要利益相关方。为深入了解和回应各利益相关方的期望和诉求，鞍钢集团通过官网"可持续发展"专栏、社会责任报告、《鞍钢日报》等方式完善多层次、多方位的沟通渠道，增进彼此的了解和信任，以实现更广泛的利益认同、情感认同、价值认同。

价值创造子模块是鞍钢集团开展社会责任管理的主线。该模块包括技术创新、品质优良、稳健经营、繁荣经济、环境友好、以人为本、乡村和美七大方面的价值共创行动，是鞍钢集团系统回应伙伴、客户、股东、政府、环境、员工、社区七大主要利益相关方诉求，以及创造最大化综合价值的"缩影"，凝聚了鞍钢集团履行社会责任的核心举措及成效。

系统管理子模块是鞍钢集团开展社会责任管理的方法论。该模块包括四个维度的管理融入：融入制度、融入流程、融入绩效、融入文化。鞍钢集团以四大"融入"为依托，将社会责任与企业战略、治理和日常经营紧密结合，全面改进、丰富和完善各项制度和管理体系，促进企业不断优化管理，提升管理水平，打造高质量发展"新鞍钢"。

第二节 模式内涵

在引领担当、价值共创型社会责任管理模式中，各模块紧密相连，模式内涵相互贯通。模型以为利益相关方创造价值为驱动，以价值共创行动为主线，各行动与利益相关方诉求一一对照，形成呼应；以推进机制为抓手，通过"制度、流程、绩效、文化"四大责任融入推进机制确保社会责任管理落地实践、长效运行。

一、以"钢铁工业的长子担当"为引领

鞍钢作为中国钢铁工业开始的地方,是"共和国钢铁工业长子""中国钢铁工业摇篮",记录了中国钢铁工业从小到大、由弱到强的拼搏奋斗、艰辛历程和不凡成就,展现了鞍钢人为钢铁强国而拼争奉献的钢铁意志、家国情怀和使命担当。

秉承"铭记长子担当,矢志报国奉献"初心。鞍钢成立以来,始终牢记"为工业中国而斗争"的信念,以初心为引领,勇于担当奉献,在国家经济建设和社会发展中发挥了举足轻重的作用,也塑造了闪亮的鞍钢品牌。人民大会堂、中国历史博物馆、中国革命博物馆等北京十大建筑拔地而起,南京长江大桥、九江长江大桥飞越天堑,京九铁路、青藏铁路连通四方……无数个中国的"第一"都与鞍钢紧紧相连,无数个载入中国史册的重大工程都有鞍钢产品的支撑,"钢铁工业的长子"不负美名,挺起了"国家发展,人民幸福"的"钢铁脊梁"。

践行"制造更优材料,创造更美生活"的集团使命。中国钢铁工业的发展史,是一部履行使命、勇于担当的奋斗史。鞍钢集团以使命促担当,鞍钢造船及海洋用钢、桥梁用钢、铁路用钢、核电用钢、汽车用钢、家电用钢、钒钛产品、特钢产品等拳头产品广泛应用于国内外重大工程,有力支撑了人民对美好生活的向往。

二、以利益相关方为驱动

鞍钢集团的发展与利益相关方密不可分。鞍钢集团从对日常工作具有重要影响,以及受到决策和活动重大影响的两大维度,识别出伙伴、客户、股东、政府、环境、员工、社区七大主要利益相关方,并通过官网专栏、微信公众号、可持续发展报告、年报、公众开放日等方式打造多元沟通渠道,获取利益相关方期望与诉求,力求与利益相关方建立和

谐互信关系，驱动自身为利益相关方创造综合价值，如表 2-1 所示。

表 2-1 鞍钢集团利益相关方及沟通机制

利益相关方	诉求与期望	沟通方式	鞍钢集团的回应
伙伴	·公平、公正 ·诚实守信 ·信息保密 ·政策稳定 ·互利双赢	·现场考察 ·合同谈判 ·定期走访 ·招标会议 ·征求意见	·实施阳光采购 ·平等协商 ·信守合同 ·公开采购信息 ·执行合规采购
客户	·信守承诺 ·提供质优价廉产品与服务 ·提高个性化服务能力 ·畅通沟通渠道	·销售代表日常联络 ·展销会 ·客户大会 ·定期走访 ·征求意见	·关注客户需求 ·提高产品质量和服务质量
股东	·资产保值增值 ·提高企业盈利能力 ·提高投资项目回报率 ·提质增效 ·安全生产	·专题汇报 ·信息报送 ·股东大会 ·经营业绩考核 ·公司公告	·深化改革 ·降本增效 ·信息化建设 ·提高技术创新能力 ·保障股东权益 ·加强安全生产管理
政府	·促进就业 ·依法纳税 ·合规运营 ·促进当地经济发展	·高层会晤 ·交流会 ·信息报送 ·参加会议 ·地企会商 ·地企专职联络机构	·提供就业岗位 ·主动纳税 ·遵纪守法经营 ·拉动地方相关产业发展 ·改善当地基础设施

鞍钢集团：引领担当、价值共创型社会责任管理

续表

利益相关方	诉求与期望	沟通方式	鞍钢集团的回应
环境	·节能减排 ·节约资源 ·应对气候变化 ·保护生态环境	·环境管理 ·合理利用资源 ·落实节能减排 ·强化生态建设	·开展能源和水资源管理 ·合理利用固体废弃物、余热及清洁能源 ·打造生态矿山 ·推进厂区绿化 ·践行绿色办公
员工	·职业健康 ·工资与福利保障 ·民主管理 ·共同成长 ·人文关怀	·职工代表大会 ·厂务公开 ·投诉信箱 ·合理化建议 ·座谈会 ·网络沟通	·提供有竞争力的薪酬 ·建立职业发展通道 ·开展教育培训 ·员工关爱 ·提供防护设备设施
社区	·乡村振兴 ·加大"三农"投入 ·改善社区环境 ·尊重社区文化 ·支持公益事业	·开展支部结对共建活动 ·召开定点帮扶专题工作会议 ·共同开发项目 ·定期交流 ·召开社区沟通会	·聚焦"五大振兴" ·打造和美乡村 ·开展消费帮扶 ·巩固参与社区建设 ·支持文化建设 ·开展志愿服务活动

三、以价值共创行动为主线

针对伙伴、客户、股东、政府、环境、员工、社区七大主要利益相关方，鞍钢集团以实际行动回应利益相关方诉求，通过技术创新、品质

优良、稳健经营、繁荣经济、环境友好、以人为本、社区和谐等价值共创行动确保社会责任管理工作落地实践。

（一）与伙伴同拍：技术创新

技术创新是企业发展的生命力。鞍钢集团聚焦"成为最具国际影响力的钢铁企业集团"愿景，坚持面向世界科技前沿、面向经济主战场、面向国家重大需求、面向人民生命健康，主动担负自主创新重任，大力实施创新驱动发展战略，勇当原创技术"策源地"，全力攻克"卡脖子"关键技术。

1. 深化智能制造

鞍钢集团深入学习贯彻关于网络强国战略、国家大数据战略和发展数字经济的有关要求，坚持以"产业数字化、数字产业化、数据资产化"为主线，组织制定《鞍钢集团"十四五"信息化发展规划》和《"数字鞍钢"建设方案》，遵循"集团统领、企业分管、标准一致、信息共享"原则，统筹推进鞍钢集团网络安全和信息化建设，加快"数字鞍钢"建设步伐，走出一条数字化转型的"智造"路，开启智能制造新时代。

2. 引领创新发展

鞍钢集团深入践行服务国家战略的初心使命，聚焦实现高水平科技自立自强，将创新作为驱动高质量发展的重要引擎，以明确自主创新布局为牵引，以完善科研管理机制为关键，以优化创新平台建设为基础，以激发创新主体活力为重点，不断深化科技创新体系建设，积极承担国家关键技术和材料攻关项目，成为国之重器的有力担当者。

3. 赋能全产业链供应链

产业链供应链的安全稳定是企业平稳有序运行的关键。鞍钢集团邀请具备技术优势、资源优势、装备优势的企业成为合作伙伴，增进相互依存度，建立生产、技术、服务、劳动等多维体系，以及合理的资源及利益分配模式。在生态圈内倡导互利共赢的价值观，提升供应链安全环保管理能力，优化供应链诚信体系建设，加强伙伴合作，为社会提供优质产品和服务，追求生态圈整体利益的最优化，携手供应商共同成长。

（二）与客户同心：品质优良

鞍钢集团坚持以客户为中心，围绕优良产品、优质服务，加强与客户沟通联系，全力提升服务质量，满足客户多样化、个性化需求，打造具有行业竞争力的"钢铁旗舰"企业，夯实品牌之基。

1. 锻造优良产品

产品质量是企业的立身之本，是核心竞争力的体现，也是品牌的重要支撑。鞍钢集团树立大局意识、服务意识、责任意识，健全质量管理体系，建立产品质量风险防控机制，强化质量指标管控，提升全员质量意识，加强质量监督和考核，持续提升质量管理和产品质量水平，打造船舶与海洋工程用钢、重轨、汽车钢、桥梁钢、钒钛制品等产品品牌，推进企业实现产品结构持续优化、产业竞争力不断提档的"高端循环"。

2. 提供优质服务

鞍钢集团坚持站在客户角度为客户而变，推进营销信息化系统、技术服务团队、物流配送、售后服务建设。坚持优质产品与卓越服务双发力，在商务、技术、产品、信息、物流、加工等方面为客户提供全方位便捷服务，加快向综合服务商转变，不断提高服务质量，提升客户满意度。

（三）与股东同频：稳健经营

鞍钢集团坚持廉洁、诚信、公平竞争与合作的精神，将诚信经营作为立身之本，营造风清气正的经营环境，塑造责任品牌，携手各方打造价值共创、利益共享的全球钢铁产业生态圈，走好稳健经营步伐。

1. 全面深化改革

改革是提升企业活力和效率的关键环节。鞍钢集团把改革作为实现高质量发展的关键一招，把"效益有改善、职工有获得感、企业发展可持续"作为检验改革成效的重要标尺，坚定不移走"改革+市场"之路，以"标准化清单+差异化管控"持续增强治理效能，以钢铁和矿业"双核"战略服务构建新发展格局，以契约化、合同化、价值化激励约束长效机制充分激发活力动力，奋力打造高质量发展"新鞍钢"。

2. 筑牢合规基石

鞍钢集团严格遵守相关法律法规，着力构建"1+3+4+N"合规管理体系建设总体格局，坚持"全级次、全领域、全方位"1个目标，实施"总部抓总牵头、二级子企业做实做强、基层单位覆盖贯穿"3级联动，聚焦"组织体系、制度体系、运行体系、保障体系"4个体系，以及"安全环保、产品质量、知识产权"等N个重点业务领域，全力推进"三纵一横"法治鞍钢建设工作体系向纵深发展，争当依法合规经营的先行者、践行者、维护者。

3. 坚守廉洁底线

鞍钢集团坚决贯彻落实中央八项规定精神，驰而不息纠"四风"。进一步健全廉洁风险防控机制，聚焦重点领域，在"反腐蚀""堵漏洞"上下功夫，斩断"围猎"与甘于被"围猎"的利益链，加强对权力运行的制约和监督，深化整治"靠钢吃钢"问题，维护国有资产安全。在全集团范围内开展以反腐蚀、提质效、树新风为主要内容的"清风行动"，持续推进全面从严治党向纵深发展，逐步构建具有鞍钢集团特色的全业务廉洁管控体系，营造清正廉洁的新风正气。

（四）与政府同向：繁荣经济

鞍钢集团深入贯彻落实区域协调发展战略，围绕国家战略需要，积极推动区域和全球业务布局优化，服务东北振兴、西部开发，服务城市发展，为共建"一带一路"提供高质量服务，携手合作伙伴为构建人类命运共同体献力献策，为通往共同繁荣的机遇之路不断奋进。

1. 深化央地融合

央企是促进地方经济发展的生力军，挖掘央地双方利益共同点，有利于运用好各地区的比较优势和资源禀赋，服务国家重大区域发展战略，推动区域协调发展向更高水平迈进。鞍钢集团加快推进央地深度融合，建立央地合作的良好机制，在实现央企强强联合，携手共建世界一流企业的同时，全面整合当地人力、物力、财力，共同推动当地经济、科技、人才发展。

2. 助推城市发展

鞍钢集团始终铭记"钢铁工业的长子"担当，主动承担国家、地区重点工程建设项目，服务重大工程建设和能源、交通等经济产业发展，促进国家基础设施建设，用代表行业最高水平的拳头产品不断书写先进材料国产化新纪录，为城市繁荣发展注入强劲动力。

3. 促进国际合作

鞍钢集团以开放的胸怀面向世界，优化全球布局，以"一带一路"建设为重点区域，"走出去"开拓国际市场，加强全球基础设施互联互通，协同国际伙伴共绘融通世界、共同发展的新画卷。持续开展国际交流，不断深化合作友谊，与合作伙伴共享鞍钢集团努力打造世界一流企业的发展成果，向全世界展示鞍钢品牌的良好形象，增强我国钢铁产业在国际市场上的话语权，引领中国钢铁行业走向可持续发展的美好未来。

（五）与环境同道：环境友好

鞍钢集团将碳达峰、碳中和作为践行新发展理念、融入新发展格局的重要工作内容，扛起率先实现碳达峰的央企责任，强化环保管理，追求清洁制造、绿色运营，打造生态矿山和工厂，致力于成为"绿色钢铁先行者、低碳技术引领者、美好家园守护者"。

1. 贡献"双碳"目标

鞍钢集团全面落实党中央、国务院关于碳达峰、碳中和的重大战略部署，将碳达峰、碳中和作为践行新发展理念、融入新发展格局的重要工作内容，积极构建清洁低碳、安全高效的现代能源体系，统筹推进生产经营发展和生态环境保护，加快推进"双碳"能效标杆示范厂建设、推动绿色低碳创新技术研发应用等，实现减污降碳、协同增效，加速绿色鞍钢建设。

2. 推进绿色管理

鞍钢集团健全环保机制及体系，强化环境目标考核，明确各级负责人环境保护工作职责，落实"党政同责、一岗双责"要求，通过制定环境目标和考核机制，管控环境风险，落实环保责任。鞍钢集团重视职工环保意识培养，通过外部聘请与内部培训相结合的形式，重点开展对干部职工环保相关法律法规、标准、工艺技术和管理等专业培训，提高环保敏锐性，激发环保热情，充分利用内部协同优势，开展环保交流活动，提升环保管理和技术水平。

3. 促进三废治理

鞍钢集团坚持走"绿色引领，低碳运营"的循环经济发展之路，扎实开展废气、废水、固体废弃物治理，在钢铁生产运营全过程中减少污染、节能降耗、提高资源利用效率，推动企业与环境自然和谐发展，实现生产经营与环境保护同步协调发展，助力绿色价值链的建设。

4. 打造生态厂矿

鞍钢集团践行"绿水青山就是金山银山"理念，坚持矿山"在开发中保护、在保护中开发"和"边生产、边治理、边恢复"，深入开展矿山绿化复垦与扬尘治理，促进矿山资源开发和环境保护协调发展，不断提升鞍钢集团矿山的"绿色颜值"。将生态环保及生物多样性保护理念根植于心、融于生活，以"生态文明建设"为契机，强化绿色生态工程建设，美化、绿化工作场景，打造生态厂区，全面守护自然生态。

（六）与员工同利：以人为本

鞍钢集团践行共享发展理念，切实保护员工权益、关心关爱员工、丰富员工生活，与员工同利同行，不断满足员工对美好生活的向往，提升员工获得感、幸福感、安全感。

1. 强化安全生产

安全是企业良性快速发展的基石。鞍钢集团牢固树立安全发展理念，把"以人为本、生命至上"作为指导思想，坚持发展决不能以牺牲人的生命为代价红线和遏制重特大事故发生底线。全面完善安全生产制度体系和责任落实，以目标责任管理为引领、以电子化安全履职日志为载体，积极开展专项整治，实现安全生产形势的进一步稳定向好。

2. 保障员工权益

鞍钢集团严格遵守《中华人民共和国劳动法》《中华人民共和国劳动合同法》等相关法律法规，坚持平等雇用的原则，建立完善的用工管理制度体系，加强民主管理，最大限度地保障员工和退休人员的各项合法权益，努力形成公司和员工利益共享机制，建立和谐劳动关系。

3. 关心关爱员工

鞍钢集团坚持以员工为中心，聚焦困难员工、一线员工、女性员工和离退休人员的多样化需求，给予福利补贴、开展帮扶慰问，努力推动企业与员工同舟共济，做员工最坚强的后盾。同时，举办读书会、书法美术摄影展、诗朗诵、篮球赛、健步走等活动，积极引导大家热爱企业、热爱生活，让职工与企业共同创造幸福生活和美好未来。

4. 助力人才发展

鞍钢集团坚持企业与员工共进步，强化人才吸纳和培育，注重员工培养与成长，连接员工需求，推进开发长短结合、高低配套、大小并行的培训产品和特色精品培训项目，畅通人才职业发展通道、加强人才激励措施，发挥人才引领示范作用，努力建设一支知识型、技能型、创新型、专家型的员工队伍。

（七）与社会同和：乡村和美

鞍钢集团肩负国家和历史使命，坚持做有责任、有担当的企业，在创造经济价值的同时，努力创造更多社会价值，坚持在发展中保障和改善民生，以赤子之心回馈社会。

1. 助力乡村振兴

鞍钢集团始终坚持以习近平新时代中国特色社会主义思想为指导，深入学习贯彻关于"三农"工作和定点帮扶工作的要求，聚焦"五大振兴"工作目标，加强组织领导，强化资金、政策、人才等要素保障，帮扶力度不减，创新工作方法，内外联动，巩固拓展脱贫攻坚成果，全面推进乡村振兴。

2. 共享和谐生活

鞍钢集团坚守初心不忘社会，凝心聚力共行公益，立足社会需求，发挥自身优势，多谋民生之利，多解民生之忧。注重社区沟通和参与，通过组织参观活动、研学活动等，让利益相关方更好地了解鞍钢品质和鞍钢文化。热心公益慈善事业，发扬"扶弱济困、崇德向善"的公益精神，深入社区，持续开展志愿服务活动，为构筑和谐社会贡献力量。

四、以责任推进机制为抓手

鞍钢集团围绕集团战略规划及利益相关方期望与诉求，树立"制造更优材料，创造更美生活"的企业使命，并将其有机融入制度建设、决策流程、绩效管理和企业文化中，构建起鞍钢集团社会责任管理长效机制，全面提升企业综合价值创造能力、运营透明度和品牌美誉度。

社会责任融入制度。鞍钢集团坚持"两个一以贯之"，建立完善中国特色现代企业制度，在完善公司治理中加强党的领导，不断夯实治理基石，持续优化集团管控体系，深入推进治理体系和治理能力现代化，做强做优做大国有企业的制度根基。其中，从合规、廉洁的角度出发，将"构建工程建设管控体系和廉洁风险防范体系"作为核心任务，系统梳理公司制度文件，推动修订完善规章制度138项。下属上市公司鞍钢股份系统编制了《鞍钢股份有限公司ESG管理三年行动规划》，全面推动公司ESG管理系统化、规范化、制度化。

社会责任融入流程。鞍钢集团建立健全由董事会、高层领导等组成的鞍钢集团社会责任领导小组决策监管、各职能部门和社会责任工作办公室管理协调、所属企业落地执行的社会责任组织工作体系，从总部到子企业、从管理到执行，自上而下系统梳理工作流程，明确领导责任和归口管理部门，清晰界定工作职责和任务，统筹协调和推进社会责任管理工作，推动社会责任理念深植基层，全面融入日常实践。

社会责任融入绩效。鞍钢集团将社会责任的原则方法融入绩效管理本身，制定了与ESG目标挂钩的薪酬计划。在制定子企业负责人经营业绩考核指标时，纳入考核范围的包括二氧化硫、吨钢综合能耗、碳排放等环境指标，定点帮扶工作计划、农民工工资和无分歧民营企业逾期账款零拖欠等社会责任指标，以及专业化整合、资产负债率、亏损企业治理等公司治理指标。在集团层面,经理层成员薪酬与经营业绩考核结果挂钩,在首席执行官的薪酬中,集团净利润、利润总额指标权重达到40%。

社会责任融入文化。鞍钢集团拥有深厚的文化积淀、鲜明的红色基因和光荣的红色传统,集团聚焦能够承载和传递鞍钢履责理念的鞍钢文化,推进社会责任的理念价值观与企业文化建设深度融合,传承并发扬"鞍钢宪法"精神。将互动参与、社会资源整合等方法融入企业文化建设的过程中,用更具吸引力、更富有同理心的方式将企业文化渗透到员工的意识和行为,形成了"创新、求实、拼争、奉献"的鞍钢集团核心价值观,为"成为最具国际影响力的钢铁企业集团"积蓄发展动能。

第三章

知行合一，
聚集社会价值创造力

第三章　知行合一，聚集社会价值创造力

鞍钢集团在引领担当、价值共创型社会责任管理模式下，着力推动将社会责任理念融入发展战略和日常经营中，积极践行社会责任，在实现自身持续高质量发展的同时，为股东、客户、员工、合作伙伴、社区及环境等利益相关方创造价值。

第一节　技术创新，携手伙伴自立自强

科技自立自强是国家强盛之基、安全之要。鞍钢集团坚守科技自立自强的时代使命，坚持创新驱动，培育良好创新生态；深化智能制造，赋能钢铁行业高质量发展；携手伙伴构建和谐共赢产业链，共同提升钢铁行业发展的韧性和活力。

一、坚持创新驱动，培育良好创新生态

鞍钢集团聚焦实现高水平科技自立自强、打造原创技术"策源地"，将科技创新作为驱动高质量发展的重要引擎，出台了一揽子推动科技创新的新政策、新举措，培育出一大批科技创新领域的领军人才，创造出一项项重大科技成果，为高质量发展"新鞍钢"注入澎湃动力。

（一）完善创新体制机制

企业依靠快速响应能力和灵活创新机制，正成为推动科技创新和引领科学前沿的重要力量。鞍钢集团深化科技体制机制改革，持续出台一系列支持科技创新的政策，统筹做好科技创新体系建设、组织建设、人才队伍建设和配套的考核制度、激励制度建设及内外部创新资源的配合，持续增强科技创新对企业高质量发展的驱动力；搭建"四个平台"，即基于鞍钢集团钢铁研究院为核心的自主创新专业化研发平台，基于制造基

地为主体的工艺技术优化、质量提升与成果转化平台，基于高校院所的社会资源战略合作平台，基于高质量客户端的应用技术联合研发平台，强化开放协同创新，推进钒钛、耐蚀钢等技术创新战略联盟建设，推进同高校、科研院所及下游客户的联合实验室建设，构建开放协同创新联合体；加快提升2个国家重点实验室建设水平，打造国际先进材料研发应用示范基地，推动科技成果转化，让创新步履更加坚定从容。

（二）推进创新人才建设

科技创新，关键在人。鞍钢集团深入学习贯彻做好新时代人才工作的新理念、新战略、新举措，以创新驱动、智能发展为引领，努力构建科学完善的育才、引才、用才机制，突出抓好领军人才及创新团队建设，加强实用人才、高素质技术技能人才、青年人才队伍培育，为鞍钢集团高质量发展提供坚强的智力支撑。

拓宽人才引进渠道。鞍钢集团高度重视引进和培养各领域人才，以服务中长期发展规划为宗旨，建立公开、平等、竞争、择优的市场化招聘机制。紧密结合经营和发展需要，深入推行分级分类公开招聘，坚持"统筹规划、重点突出、公开公平、择优录用"的人才引进原则，按照"层次合理、分类实施"的指导方针，提高人才引进的系统性、精准性和规范性，每年有计划地引进数百名高校毕业生、各领域成熟人才、高端人才，为企业发展提供人才支撑。

完善人才激励体系。鞍钢集团坚持"能者上、平者让、庸者下"的原则，以竞争择优任用为重点，逐步建立和健全人才任用机制、激励机制、监督和考评机制，畅通各类人才晋升通道，积极营造"人尽其才、才尽其用、用尽其能"的良好环境。通过实施领导人员公开选拔、岗位竞聘、人才交流、挂职锻炼等，为各类人才搭建舞台、提供施展才华的空间。以建立健全研发岗位、采购销售岗位、工程技术岗位及高技能人才等级序列为重点，完善各类人才晋升激励制度，积极探索有效的人才管理办法，让各类优秀人才脱颖而出。

创新人才培养机制。为了培养更多优秀人才，鞍钢集团围绕打造"立足鞍钢、行业先进、引领世界钢铁工业发展的'人才高地'"的人力资源规划目标，以"四支人才队伍"建设为重点，统筹兼顾，实施人才资源整体开发策略，制定了一系列人才开发政策措施，努力为职工提供学习和锻炼提高的平台，通过岗位交流、导师带徒、开展竞赛、选送人才进高校进修、职业导航等方式，使职工队伍素质持续得到提升。鞍钢集团积极推进"摇篮计划""英才计划"等人才培养计划，并出台加强技能人才队伍建设"十项措施"，不断加强对管理人才、科技人才、技能人才、年轻干部的培养，持续拓宽、铺平干部职工成长成才成功的通道，为高质量发展积蓄人才动能。

（三）延续创新基因，取得重大科技突破

科技是国之利器，国家赖之以强，企业赖之以赢，人民生活赖之以好。鞍钢集团牢记"国之大者"，服从国家战略，服务人民群众，以"制造更优材料，创造更美生活"为己任，锲而不舍推进科技创新，坚持不懈推动"鞍钢制造"向"鞍钢创造"转变，突破了一批关键核心技术，实施了一批重大科研项目，制定了一批国际标准，实现了高水平科技自强自立。

突破一批关键核心技术。鞍钢集团建立研发经费投入强度稳步增长机制，按期高质量完成6项关键核心技术攻关任务，在海洋装备、核电、航空、高端粉末等领域的先进高端材料攻关取得重大突破。超厚超宽高强度反应堆安全壳用钢AG728、X70级深海高应变管线钢、500MPa级免涂装耐候桥梁钢、590MPa级低密度高成形性冷轧高强汽车钢等产品实现全球首发；F级超高强海工钢、"复兴号"动车组转向架用钢等一批"卡脖子"材料实现突破，引领我国关键部件自主国产化；一批精品钢材广泛应用于国产航母、"蓝鲸一号"超深水钻井平台、

"华龙一号"核电项目等国家重点工程，为"大国重器"铸就了"钢铁脊梁"。

实施一批重大科研项目。牵头负责"十四五"国家重点研发计划项目"复杂工况下冶金领域关键部件表面工程技术与应用"、"海洋建筑结构用耐蚀钢及防护技术"、科学技术部"揭榜挂帅"科研项目"川藏铁路用长寿化轨道用钢研制与应用"三个重点科研项目，全球首套绿氢零碳流化床高效炼铁新技术示范项目在鞍钢股份鲅鱼圈钢铁基地开工建设。"基于低碱高硅球团的低碳排放高炉炉料解决方案及其应用"获世界钢铁协会第13届"'Steelie'低碳生产卓越成就奖"，鞍钢集团成为唯一获奖中国企业。

制定一批国际标准。鞍钢集团主导制定的《包装用钢带》标准作为我国包装领域第一个ISO国际标准，填补了我国在该领域的空白；主导修订的ISO 5451：2022《钒铁—规格和交货条件》国际标准发布，标志着我国在铁合金领域影响力和话语权的增强；主导修订的《铁路道岔用钢轨》标准获"2022年中国标准创新贡献奖"，国际标准话语权进一步提升。

二、深化智能制造，推进"数字鞍钢"建设

站在数字经济和实体经济深度融合的历史交汇点，鞍钢集团将"数字鞍钢"建设作为加快推动高质量发展的全新引擎，抓住产业数字化、数字产业化、数据价值化赋予的机遇，不断拓展"数字鞍钢"建设新模式、新路径，以智能制造出色业绩加快推进"数字蝶变"，赋能业务全面转型升级。

建设工业互联网服务平台。鞍钢集团以"支撑制造企业数字化、网络化、智能化转型"为目标，建成精钢工业互联网平台与海星工业互联网平台，聚焦钢铁生产全流程管控要素，开发智慧炼铁、智慧炼钢

等工业 App 应用，全面支撑钢铁产业数字化转型建设。

案例：打造海星工业互联网平台

鞍钢集团攀钢星云智联以海星工业互联网平台为底座，打造了智能装备、无人行车、数字化产线、高炉大数据分析、重轨大数据、优化排程、生产调度、质量分析、能源管理、设备远程诊断、安全环保、钢铁大脑、智慧运营等 160 多个应用，搭建了西部首张"5G＋工业"专网，建成国内首条钒氮合金数字化生产线，自主研发"无人行车智慧仓储系统"，推动无人叉车、无人吊车、智能威胁感知平台等技术在攀钢和鞍钢股份生产现场成功使用。

加强新型基础设施建设。鞍钢集团已初步形成"两地多中心"互为支撑、互为灾备的大数据中心体系——包括鞍山钢铁、攀钢两个核心数据中心和鲅鱼圈、朝阳、莆田、成都、本溪等区域数据中心，为鞍钢集团信息化、数字化、智能化建设提供软硬件资源服务。

拓宽智能技术应用场景。近年来，鞍钢集团聚焦"产业数字化、数字产业化、数据价值化"三条主线，充分发挥海量数据和丰富应用场景优势，打造数字生态，加快数字蝶变，建设数字鞍钢，多项成果获评国务院国资委、工业和信息化部、辽宁省政府试点示范。2023 年，鞍钢股份"鞍钢钢材智能制造示范工厂"（见图 3-1）、西昌钢钒"攀钢西昌钒钛钢铁智能制造示范工厂"（见图 3-2）入选"2023 年度智能制造示范工厂"，鞍钢股份鲅鱼圈钢铁分公司的"先进过程控制"和"智能协同作业"、鞍钢矿业眼前山分公司的"先进过程控制"和"工业技术软件化应用"、攀钢钒钛资源股份有限公司的"智能协同作业"、朝阳钢铁的"智能协同作业"和"数字基础设施集成"（见图 3-3）入选"2023 年度智能制造优秀场景"、鞍钢集团矿业公司齐大山铁矿的"5G 智慧采矿建设项目"入选工业和信息化部公布《2023 年 5G 工厂名录》(见图 3-4)。

图 3-1　鞍钢股份炼铁集控中心

图 3-2　西昌钢钒智慧炼铁控制中心

图 3-3 朝阳钢铁"极致集约"数智中心

图 3-4 鞍钢矿业齐大山铁矿智能管控中心

三、携手行业伙伴，构建和谐共赢产业链

鞍钢集团高度重视全产业链的可持续发展，推动供应商加强社会责任能力建设，促进行业交流，加强合作共赢，争当现代产业链"链长"，形成全产业链协同发展新格局。

（一）推动供应商履责

鞍钢集团制定《供应商管理办法》《供应商考核评价实施细则》等，以"严格准入、分类分级、数量适宜、动态监控、量化评价、及时汰换"为原则，将道德、安全、健康、劳工准则、环保等要求纳入供应商准入、评价、考核和退出机制，推动供应商社会责任能力建设，实现供应链高效协同发展。

建立供应商准入机制，持续优化准入条件，对供应商提出质量、环境、职业健康安全等管理资质要求，严格筛选新进供应商，优先选择通过质量、环保、安全体系认证的供应商。开展供应商评价与考核，定期开展供应商年度评价与审查工作，根据考核结果，指导供应商制定改进措施，跟踪验证改进效果，并清理评价不合格供应商。健全供应商退出机制，对违规供应商实施警告、停止供货、取消资格、列入黑名单等措施，优化供应商队伍，维护供应链稳定性。带动供应商能力提升，对供应商实施分级管理，奖优罚劣，指导供应商对管理短板进行整顿提升。通过与供应商开展研讨会、专业培训、讲座等活动，鼓励供应商在生态文明建设、安全生产等方面加强履责能力，提升供应商社会责任意识。

（二）促进行业交流

鞍钢集团坚持开放共赢，为行业及国际交流提供分享交流平台，促进先进理念、先进经验的交流分享，助力新模式、新业态的产生，加快产业转型升级，合力打造更智能、更高效、竞争力更强的新时代制造

业。鞍钢股份策划实施以鞍钢为盟主、9家单位参加的具有约束力的"海工用钢技术领域产学研联盟",新建一个联合实验室。鞍钢集团本钢集团作为理事长单位发起7家高等院校和科研院所参加的"辽宁省钢铁产业产学研创新联盟",着力解决制约钢铁产业升级、提质增效的关键性、根本性实际问题。

（三）加强合作共赢

鞍钢集团秉持合作共赢的理念,积极探索与高等院校、合作伙伴、政府机构、国际伙伴等利益相关方建立广泛的战略联盟和密切的合作关系,促进多方资源共享和优势互补,实现合作共赢。在政企合作方面,鞍钢集团与营口市深化战略合作,推动氢冶金项目顺利实施,为营口钢铁产业高质量发展提供有力支撑;与上海市委、市政府携手,助力第五届中国国际进口博览会成功举办。在校企合作方面,鞍钢集团与北京科技大学、重庆大学等高校院所开展合作项目,推进产学研联合体建设,促进科技成果转化;攀钢与南京理工大学、中国科学院金属所、江苏智仁景行新材料研究院签署战略合作协议,形成产学研用协同创新联合体,开启战略合作新纪元;鞍钢集团本钢集团与冶金工业信息标准研究院签订战略合作协议,在品牌化、信息情报等领域深入合作,努力打造院企合作的成功典范。在企企合作方面,鞍钢集团与中国宝武联合开展融资租赁业务,充分发挥"以融促产,以融兴产"作用;与中国联通签署战略合作协议,共同探索新技术、新业态、新模式,积极发展数字经济,助力产业提质升级;与中国大唐签署战略合作框架协议,在供应链、新能源资源开发等领域深度合作,促进绿色低碳转型升级;与中粮集团签署战略合作框架协议,在产品采购、工程建设等领域达成深度合作共识。

第二节 品质优良，用心满足客户需求

鞍钢集团牢固树立质量为先、诚信至上的经营理念，内化于心、外化于行，打造过硬的产品和服务质量，持续扩大鞍钢品牌的影响力，提升鞍钢品牌的美誉度，增强客户与鞍钢品牌的黏度。

一、锻造优良产品，打造至臻品质

鞍钢集团树立"重视质量、创造质量"的理念，健全质量管理体系，不断强化质量管理，推动各子企业开展质量对标提升行动，全面提升质量效益；积极开展质量宣传培训，增强员工质量意识，为中国钢铁进入质量时代保驾护航。

（一）加强质量管理

鞍钢集团持续推进质量管理体系建设，完善产品质量制度、监督、流程体系，加强标准化、精益化管理，不断提升产品质量，全面助力企业提质增效。鞍钢集团依据 ISO 9001：2015《质量管理体系—要求》、国际汽车特别工作组质量管理体系（IATF 16949）等标准建立具有科学性、先进性和可操作性的质量管理体系，以工艺纪律执行、质量事故及异议、季节性质量风险防控为重点，每月开展质量监督，识别质量问题和风险并持续改进，提升产品质量水平。攀钢以产线流程优化为导向，把 IATF 16949 标准的先进管理工具植入公司流程中，持续改善产线流程，提升质量管理基础；鞍钢集团本钢集团以重点指标为依托，开展专项攻关，例如，北营炼钢厂设计了"质量非计划率""螺纹钢'碳'稳定率"等 8 个厂级攻关指标，轧钢厂在各产线建立了"非计划率""成材率"攻关指标，焦化厂制定了"焦炭反应后强度稳定率""粗苯重比合格率"等 3 项指标，以指标考核促进质量管理提升。

（二）开展质量对标

鞍钢集团推动各子企业开展质量对标提升工作，全面提升质量效益。攀钢深入开展质量对标工作，从源头上解决各种关键质量问题；深入开展质量管理体系运行情况自查，进一步夯实质量管理基础。鞍钢矿业到先进企业学习交流，查找差距、补齐短板，促进质量指标不断提升；针对提高采矿品位、降低混岩率等问题开展质量攻关，保证采矿工序质量工作水平提高。

（三）提升质量意识

鞍钢集团推动各子企业加大宣传教育力度，提升全员质量意识。鞍钢矿业通过悬挂质量标语、发布质量经典案例等，广泛宣传质量工作的重要意义；通过开展质量知识竞赛、质量管理制度大讲堂等活动，提升职工质量素养和能力。鞍钢工程发展公司充分利用网络平台、内部刊物等强化宣传教育，让"质量是企业的生命"等理念根植于员工心中，并转化为员工的自觉行为。

二、提升服务质量，赢得客户认可

质量是打开市场的"敲门砖"，而服务是留住客户的"定心丸"。随着市场同质化竞争愈发激烈，优质服务成为企业赢得市场的重要赛道。鞍钢集团始终把提升服务质量作为建设世界一流品牌的重要抓手，坚持以市场为导向、以客户为中心的原则，着力提高服务客户质量、提升服务保障能力、增强服务发展能力，推动企业从制造商向服务商转变。

（一）坚持公平交易

鞍钢集团作为中国钢铁工业的一面旗帜，始终致力于营造风清气正的营商环境，坚持与各方构建诚信公平的合作模式。深入贯彻落实习近平总书记重要讲话精神，开展以"反腐蚀、提质效、树新风"为主要内容的"清风行动"，聚焦运营全链条，进一步健全廉洁风险防控机制，加强对权力运行的制约和监督，持续深化整治"靠钢吃钢"问题，在"反腐蚀""堵漏洞"上精准打击，斩断"围猎"与甘于被"围猎"的利益链，逐步构建具有鞍钢集团特色的全业务廉洁管控体系，建设平等、诚信、互利的营商环境。

（二）优化服务体系

鞍钢集团把提升服务能力作为践行"以客户为中心"理念、培育客户群和实现高质量发展的前提，精准识别客户需求，创新客户服务模式，优化客户体验，着力提高服务能力和服务质量，实现客户满意度和品牌影响力"双提升"，助力企业高质量发展。精准识别客户需求，鞍钢股份全力推进"客户服务年"活动走深、走实；以线上、线下相结合的方式开展重点客户及下道工序服务活动，全力满足客户需求。鞍钢矿业公司大力倡导"全方位用户满意观"，树立"客户就是企业资产"理念，开展客户需求调研和客户走访，第一时间为客户量身定制专业化解决方案，提高客户忠诚度和市场信任度。创新客户服务模式，鞍钢股份开启"云端+定制+服务"客户服务新模式，充分利用信息化、智能化手段，将过去简单的服务人员单链条式服务转变为营销、管理、技术人员共同参与的联动式一体化服务，实现了企业与下游客户的云端面对面交流。持续优化客户体验，鞍钢集团组织建立并完善公司重点客户体验指标体系，新增日产汽车缺陷PPM（百万分之一）、船板标识合格率等10余项客户体验量化指标，与客户做好协调沟通，并每月根据客户反馈结果进行分析、评价和持续改进。强化EVI（供应商先期介入）模式，推进产销研一体化，快速对接国内外市场，提高新产品及高端产品产业化效率，通过走访科研院所发展潜在合作伙伴，开发潜在产品，同时强化技术服务，解决客户难题。

第三节 稳健经营，创造长远综合价值

一、全面深化改革，激发发展活力

鞍钢集团深入学习贯彻关于国有企业改革发展的要求，坚决贯彻落实党中央、国务院决策部署，聚焦实现企业高质量发展目标，坚定不移做强做优做大国有资本和国有企业，解放思想、突破藩篱、聚力攻坚、蹄疾步稳，推动改革重大举措层层落地，改革专项工作梯次推进，改革活力竞相迸发，改革红利持续释放，为深化国有企业改革贡献了"鞍钢智慧"和"鞍钢经验"，为加快建设高质量发展"新鞍钢"和世界一流企业汇聚磅礴动力。

（一）构建现代企业治理管控体系

在国企改革三年行动中，鞍钢集团主动适应多元化治理特点，积极构建现代企业治理管控体系，书写出一份国有企业与社会主义市场经济相融的优质"答卷"。以"标准化清单"厘清治理主体权责界面，实现"权责法定、权责透明"。鞍钢集团以各治理主体决策事项"一张清单"厘清权责界面，横向集成治理主体、权责边界、行权方式，将风控合规审查、专业委员会审核、履行民主程序等环节嵌入行权路径；纵向涵盖战略规划、资本运作等集团核心管控事项，以及对子企业行使股东法定职责和国资监管职责等事项，实现决策事项全覆盖。以"规范化行权"发挥治理主体功能作用，实现"协调运转、有效制衡"。统筹决策质量与效率，形成"一个坚持、两个到位、三个不准、四个严格"的决策机制，坚持将党的领导贯穿决策始终，各治理主体严格把好政策方向关、战略发展关等，决策流程环环相扣、步步衔接，运转质量效能显著提升。围绕"建强队伍+健优机制"，董事会运转效能持续增强。按照

"532"比例建立建强外部董事人才库，打造前瞻型与实战型、复合型与专业型、管理型与技术型、专职与兼职相结合的外部董事队伍，配齐建强子企业董事会。

（二）落实三项制度改革

鞍钢集团紧紧牵住三项制度改革这一"牛鼻子"，高效推进国企改革三年行动，基层改革亮点精彩纷呈，进一步增强了企业活力动力，提升了效率效益。推动人事制度改革。鞍钢股份大型总厂以两厂整合为契机，持续深化三项制度改革，实现"强身瘦体"，全厂机构压减比例达36.8%；攀钢钛材公司乘着三项制度改革的东风，系统破除发展"瓶颈"问题，机关部门压减50%，高端钛及钛合金生产线全口径定员减幅38%，优于同行业企业产线。鞍钢集团本钢集团全面推进"四化三效"市场化改革，总部机关编制压减41.2%，作业区级及以上机构压减48.7%，管理+专业职能编制压减50%以上，职工浮动工资差异系数达1.59，鞍钢集团本钢集团"四到"改革经验获国务院国资委刊发推广。推动用工制度改革。鞍钢股份打破职工身份界限，基层员工通过竞聘走上管理技术岗位，干部能上能下成为常态；攀钢钛材公司业务助理和专业技术岗位公开竞聘占比64%，岗位组聘占比36%；推动收入分配制度改革。鞍钢股份坚持多元化分配，同岗位绩效差距达到1000～2500元；攀钢钛材公司建立年度预算、滚动预算、单耗指标三级绩效考核体系，主辅作业区人均差异达到1000元以上。

（三）加快布局优化和结构调整

国企改革三年行动提出国有经济布局优化和结构调整。鞍钢集团通过高质量推进西鞍山铁矿项目、规划钒钛产业发展、推动鞍钢本钢重组整合融合等多项重点工作，加快国有经济布局优化和结构调整。积极构建"双核+第三极"产业发展新格局，提升企业核心竞争力。鞍钢集团锚定建设世界一流企业目标，全力打造世界级铁矿资源开发企业，聚焦世界一流钒钛新材料企业目标，深化矿钢钒钛一体化发展，驱动"新鞍钢"建设提速。服务国家战略需求，提升自主创新能力。打通从科技强到产业强的通道，发挥科技创新国家队作用，着力突破一批关键核心技术，集团6项国家关键核心技术攻关任务全部按期高质量完成；一批精品钢材广泛应用于国家重点工程，挺起了"大国重器"的"钢铁脊梁"。推进数字化转型，赋能高质量发展。将数字化转型作为适应钢铁行业新一轮发展的核心竞争力，聚焦产业数字化，在"黑灯工厂"建设上取得突破性进展，引领行业智能管控升级；打造智慧运营系统，实现一体化经营管控和全流程多基地制造协同；聚焦数字产业化，共筑行业数字生态，助力钢铁产业数字化转型发展。

二、筑牢合规基石，护航企业发展

鞍钢集团贯彻落实国务院国资委工作部署，统筹谋划，深入开展弘扬合规文化专项行动、合规体系建设深化行动及合规管理能力提升行动等合规管理"三项行动"，企业合规管理能力持续提升，合规管理效能加深释放。

（一）全面弘扬特色合规文化，合规意识、合规理念、合规要求厚植于全体员工心中

深入加强合规意识培育。企业管理人员作为"关键少数"要以身作则。各级党委将学习习近平法治思想、强化合规经营理念作为党委中心组集体学习、管理人员集中培训的重要内容，领导人员带头学思践悟习近平法治思想，深刻领会习近平法治思想的丰富内涵与核心要义。全员树立合规意识。合规"软约束"变为履职"硬要求"，在"双合同"管理中，将劳动纪律、岗位履职等合规要求纳入员工劳动合同和岗位合同，做到责任到岗、到人。全体员工签署合规承诺，把"底线"和

"红线"摆在台面上,合规履职义务和责任可视化、具体化。

全面强化合规制度宣贯。举办"制度大讲堂"。组织开展制度大讲堂,对鞍钢集团规章制度进行宣讲,强化业务合规指导。制定法治宣传"口袋书"。围绕应知应会法律法规,制定基础知识点,形成法治宣传"口袋书",推动法律知识普及。开展合规手册宣贯。将合规培训纳入新入职员工合规培训,从员工入职开始根植合规意识,树牢依法合规经营理念。

积极培育浓厚合规氛围。举办法治鞍钢建设学习与创新论坛。在鞍本重组整合大会召开一周年之际,在鞍钢集团本钢集团成功举办法治鞍钢建设学习与创新论坛,加速推进法治合规文化整合、融合,形成良好的法治合规文化氛围和导向。开展"讲合规、做表率、创标杆"活动。聚焦合规组织推进、文化宣传、学习培训、践行应用、联动协同5个方面,建立"四环五字五面"标杆管理模式,强化标杆典型引领。摄制法治鞍钢建设工作巡礼宣传片《护航》,系统宣传鞍钢法治各项工作,法治鞍钢氛围日益浓厚。

(二)深入开展合规体系建设,实现了各级企业合规体系的全级次贯穿、全方位覆盖

鞍钢集团总部抓总牵头,强化顶层设计。以《中央企业合规管理办法》为合规管理基本遵循,全新构建"1+3+4+N"合规体系建设总体格局,明确总体目标、搭建总体架构,制定《鞍钢合规管理体系建设一览图》,形成"标准样板",清晰管理路径,全集团一体化推进合规体系建设。

二级子企业做实做强,强化亮点打造。鞍山钢铁坚持以"党委统领、主体联动、机制保障、典型示范"为引领,充分发挥合规管理"四个作用"。矿业公司立足"基石计划"以构建"四个体系"、实施"四项工程"、开展"五项行动"为重要抓手,全面加强合规管理。国

贸公司聚焦企业核心业务，围绕进出口管制、国际物流、反垄断、反腐败和数据保护，打造"两库一册五指引"，系统提升企业境外合规管理能力。财务公司围绕金融服务业务，建立业务流程控制、风险预警监测、财务数据监管一体化合规管理机制，全面提升财务合规监管水平。

基层子企业贯穿覆盖，强化质效提升。绿源科技立足打造鞍钢集团第三极示范企业，聚焦构建"数智安保、数智运维、数智发运"平台，以数字智慧建设深入推动企业业务与合规管理深度融合，打造"e+合规"管理新模式。鞍钢股份冷轧厂以安全、环保、生产、质量、人力、设备等专业业务领域合规建设为切入点，锚定关键领域、关键人员、关键环节，聚焦重点、精准发力，推动"六抓六提升"合规工程建设质量，将合规管理高效融入生产经营实际。

（三）着力提升合规管理能力，合规管理效能得到充分释放

深入开展业务领域合规专项治理。开展经营业务违法违规问题专项排查、企业名称字号专项治理、清理民企挂靠、打击假冒国企、采购招投标专项治理、境外合规专项审计等系列工作，系统排查处置各类问题；聚焦采购招标、科研经费管理、电子劳动合同、反商业贿赂、反腐败、数据保护、进出口管制等方面制定专项制度8项，各类指引18项，完善合规管理制度基础，系统提升重点业务领域合规管理能力。

加速推进法律合规信息化系统建设。全面推进企业治理体系和治理能力现代化，按照"上下贯通、横向联通、相互融通"的整体建设思路，深入推进法律合规管理信息化建设。充分利用大数据、人工智能、云计算等前沿技术，构建数据通道，搭建一体化合规风控中台，利用智能算法深度挖掘，提升定点风险预警能力，实现数据科学分析、趋势前瞻预判、风险主动预警、问题闭环处理，精准助力鞍钢集团制度合规、管理合规、决策合规、业务合规，着力打造智能化、数字化、生态化法治鞍钢。

全面开展合规体系评价工作。坚持合规体系指标化、清单化管理，制定《鞍钢集团合规管理建设及运行评价指标体系》及配套评价指南，建立"双计分、四级档"评价机制，以鞍钢集团11家二级子企业为评价对象，深入开展合规体系评价工作。围绕71项检查指标，从"静态指标""动态指标""结果指标"三个层面系统评价企业合规体系建设情况、合规管理运行情况、合规管理效能情况，以评价促整改、以整改促提升。

三、坚守廉洁底线，弘扬清风正气

鞍钢集团以习近平新时代中国特色社会主义思想为指导，深入学习贯彻习近平总书记重要讲话和重要指示精神，以党的政治建设为统领，怀着"永远在路上"的执着精神，持之以恒正风肃纪反腐，一以贯之、坚定不移推进党风廉政建设和反腐败工作，在企业内营造了风清气正、公平公正的良好氛围，凝聚了党心、赢得了民心，为加快建设"新鞍钢"、走好新时代高质量发展之路提供了坚强保障。

构建大监督体系格局。鞍钢集团坚持从制度建设着手，建立健全惩治和预防腐败体系。2017年11月，《鞍钢集团公司党委关于构建大监督体系的意见（试行）》出台，成立监督委员会，构建起由监督委员会组织领导和总体协调，出资人监督、业务监督、专责监督"三个体系"有效协同，招标采购、财务共享、人力资源服务、审计、对外投资监管"五大平台"强力支撑的"1+3+5"模式大监督体系，强化对履行管党治党责任、生产经营管理行为的全方位、全流程、全覆盖监督。

绘制"廉洁地图"。鞍钢集团从权力集中、资金密集、资源富集、资产聚集等重点领域和关键环节入手，从职工评价、党委自评、监督评估和专业评估4个维度制作了"廉洁地图"；开发鞍钢"廉洁地图"信息系统，探索建立鞍钢廉洁状况指数，对党风廉政状况进行动态量化评价，确保企业的廉洁风险防控更加有效。

加强监督管控。鞍钢集团加强廉洁风险防控，建设纪检监察工作信息化平台、大数据监督平台，将纪检监察监督嵌入招标采购电子平台和产品营销商务平台，实现事后监督向实时监督、离线监督向在线监督的转变。深入开展效能监察，切实加强对矿产资源、采购销售、工程建设、财务金融等重点领域、敏感岗位的监督。

加强廉洁教育。鞍钢集团完善领导人员廉洁教育机制，落实《关于加强新时代廉洁文化建设的意见》，制定《关于加强新时代鞍钢集团廉洁文化建设的实施意见》，设立"8·16"党风廉政警示教育日，先后开展"揭疤问短、警钟长鸣""重温两书、坚守初心""赓续红色血脉 建设廉洁文化"等活动，拍摄《蜕变人生》《失德之害》《脱轨》等警示教育片，召开警示教育大会，通报违纪违法典型案件，用身边事教育身边人，切实起到震撼心灵的作用。

第四节 繁荣经济，赋能区域共享发展

鞍钢集团服务国家区域协调发展战略，以代表行业最高水平的拳头产品助力钢铁关键技术和装备国产化，稳住国家工业、城市发展的"压舱石"；积极响应"一带一路"倡议，携手合作伙伴高质量共建"一带一路"，阔步迈向共同繁荣的发展之路。

一、与区域共享，深化央地融合

鞍钢集团积极统筹集团所属区域大连海关、辽宁省环保集团等政府、企业地方资源和力量，深化央地融合，促进西部地区和东北区域钢铁产业优化升级，助力当地民生工程建设，打造央地合作新模式。

（一）振兴东北地区，助力东北国企高质量发展

鞍钢集团深入学习贯彻关于东北全面振兴全方位振兴的要求，认真贯彻落实国务院国资委振兴东北央地百对企业协作行动（以下简称央地百对企业协作行动）工作要求，统筹推进鞍钢集团业务部门、鞍钢集团与地方国企鞍山冶金产业链集团有限公司（以下简称鞍山冶金集团）协作对接，发挥央地企业专业优势，聚焦构建产业链供应链合作机制，搭建多元化交流平台，增强产业协同，助力东北经济高质量发展。

加强组织领导，建立高效对接体系和保障机制。鞍钢集团深刻认识央地百对企业协作行动的重要意义，强化央企责任担当，成立由主要负责人任组长的结对协作工作领导小组，结对协作企业成立由主管部门牵头的专项工作对接组，做到高位推动；做好顶层设计，制订《开展振兴东北央地百对企业协作行动工作方案》，明确总体思路、重点措施、保障措施和工作要求。鞍钢集团与鞍山冶金集团共同编制并形成协作实施方案，明确四大类10项协作任务，建立项目清单，制订推进计划，落实责任主体。建立双方有效运行例会沟通机制，开展各类对接交流20余次，落实协作清单，协调解决问题。

推进产业链供应链合作，实现优势互补协同发展。鞍钢集团与鞍山冶金集团产业协同性强、业务关联度高，双方积极推进产业链供应链合作，积极拓展现代物流产业和电子商务平台，实现优势互补、协同发展。鞍钢集团主动拓展鞍山冶金集团在炼钢、炼铁等区域的运行维护、备件供应及整体包保等业务；以鞍山钢铁德邻畅途、电子商务两大平台为依托，推进相关项目开展；就低温液体产品供应及运输建立战略合作关系，实行先货后款、优先保供政策，扩展鞍山冶金集团运输服务业务渠道。

搭建全方位、立体化协作平台，助力结对企业转型升级。鞍钢集团

充分发挥在科技创新、信息化建设和人才方面的优势,构建全方位、立体化协作平台,促进传统产业转型升级。为保障四代核电关键材料生产供货,鞍钢集团多次与鞍山冶金集团进行技术交流,搭建技术交流合作平台,如期完成核电相关材料的修磨、酸洗、钝化及供货工作;搭建管理交流合作平台,分享管理经验,协助鞍山冶金集团开展二次改革,助力体制机制持续优化,推动依法经营、合规管理;搭建人力资源交流平台,研究制定"协力用工管理技能提升实施方案",落实党建合作等协作项目;搭建信息化与智能制造合作平台,发挥智能制造优势,指导鞍山冶金集团开展"两化融合"数字化转型工作,推动"数字鞍钢""数字鞍山"建设。

(二) 助力西部开发,推动地方经济社会高质量发展

近年来,鞍钢集团公司全资子公司攀钢积极践行新发展理念,以供给侧结构性改革为契机,依托西部地区丰富的资源优势,聚焦成渝地区双城经济圈建设重大决策部署和治蜀兴川新征程,以钢铁意志,推动西部地区经济社会发展迈入新阶段。

提高西部地区钒钛资源综合利用水平。钒钛作为国家不可或缺的战略性金属资源,在中国高端制造业有着举足轻重的地位,确保国家钒钛战略资源的供给安全,是开发攀西钒钛资源的初心使命。建设之初的攀钢所在地乃不毛之地,生活和建设条件都极其艰苦,"三块石头架口锅,帐篷搭在山窝窝""白天杠杠压、晚上压杠杠"是那时建设和生活的真实写照。以攀钢为代表的"国家队",攻克了普通高炉不能冶炼高钛型钒钛磁铁矿的世界性难题,为振兴国家钒钛工业,振兴攀西经济,特别是民族地区经济作出了突出贡献,实现了诸多从"无"到"有"的突破。攀钢一期工程的建成投产,结束了我国西部没有大型钢铁企业的历史;攀钢二期工程的建成投产,结束了我国西部不能生产板材的历史。攀钢的建设发展,改变了我国"北多南少、东重西寡"的钢铁工

业布局，为西部地区钒钛资源综合利用产业发展打下了扎实的工业根基。

促进西部地区内外联动、互联互通。国家西部大开发重点工程成昆铁路复线正式开通，一条条由攀钢生产的钢轨串起"天府之国"与"彩云之南"，在川滇间架起新的钢铁通道，使我国西部地区与东南亚地区的互联互通进一步密切。成昆铁路复线极大缩短了成都与昆明的行程时间，提高了攀西地区运输服务能力，也将为沿线地区旅游资源的开发创造良好的交通条件。此外，攀钢参与建设的成自宜铁路是国家"八纵八横"高速铁路网中京昆通道的重要组成部分，设计时速350千米，全长约261千米。该项目的建设，对加快川南地区与成都的互联互通，促进川南地区和天府新区经济的快速发展具有十分重要的意义。

二、与城市共享，推动经济繁荣

鞍钢集团以高品质钢铁产品为我国城市交通、能源等产业基础设施建设"备料供粮"，为城市可持续发展构建快速交通网、提供源源动能，以"钢筋铁骨"挺起城市脊梁、促进经济繁荣。

对能源产业发展的贡献。能源是城市发展的"血液"，鞍钢集团积极助力国家能源发展重点项目、"十四五"重点能源项目和地区能源重点工程，为城市发展提供动力源泉。在国家能源发展重点项目方面，由鞍钢集团独家供货的"浙江温州华港调峰中心（罐区）项目"16万立方LNG（液化天然气）储罐用钢全部完成供货并提前交付，使得该项目提前8个月竣工，助力其成为我国最快完成LNG储罐建造的项目，增强浙江省及温州地区天然气应急保供能力。在"十四五"重点能源项目方面，由鞍钢股份、攀钢供应的热轧管线钢相继发运，累计为西气东输四线天然气管道工程（吐鲁番—中卫）供应管线钢超14万吨，撑起西气东输绿色能源"大动脉"，展现出鞍钢集团在保障国家能源安全上的央企担当。在地区能源重点工程方面，为粤港澳大湾区惠州LNG（液化天然气）接收站项目提供钢板，促进粤港澳大湾区经济社会发展、能源结构优化。

对交通运输业发展的贡献。交通运输业是城市经济发展的基础，鞍钢集团持续助推水路运输、公路运输、铁路运输、航空运输、管道运输等交通建设，促进地区之间的交流、产品的交换、贸易的发展，为经济社会发展注入澎湃动力。在水路运输方面，全球最大24000TEU（标准集装箱）集装箱船"EVER ALOT"舱口围等关键部位采用鞍钢股份最大厚度95mm止裂钢，为国内首次应用。在公路运输方面，独家中标的上海至武汉国家高速公路无为至岳西段（G42S）桥梁工程，将应用鞍钢集团全球首发的低屈强比高韧性纵向变厚度（LP）桥梁用钢，助力创新型绿色桥梁工程建设。在铁路运输方面，由攀钢独家供货钢轨的全国首条双流制市郊铁路重庆市江跳线正式开通运营，助力该市城市轨道交通建设，满足市民快速便捷出行需求；为我国首条跨海高铁福厦高铁提供全部高速道岔钢轨及U71Mn余热淬火钢轨，助力其实现全线贯通，大幅缩短城市间的出行时间。在航空运输方面，鞍钢集团与中国航油在深圳宝安国际机场供油工程储罐用钢板采购项目开展合作，提供2700余吨中厚板用钢，服务民用航空业发展。在管道运输方面，提供鞍钢管线钢支撑中俄东线天然气管道工程，实现为中俄东线全线供货，成为中俄东线核心供应商。

三、与世界共享，实现互联互建

鞍钢集团稳步提升国际化经营能力，加大在共建"一带一路"国家"走出去"力度，重点发掘重轨、钒等拳头产品国际市场空间，推进优质产品"走出去"，协同国际伙伴奏响全球互联互通、共同发展的时代和音。2023年，鞍钢集团全年钢材出口同比增长41.59%，"鞍钢

鞍钢集团：引领担当、价值共创型社会责任管理

制造"在共建"一带一路"国家和地区基础设施建设、互联互通等方面走在前列。

拓展国际市场。鞍钢集团以完善全球布局、稳步提升国际化经营能力、提高海外市场和资源的占有率为主要抓手，补短板锻长板，不断增强全球市场的话语权和影响力。同时结合国际钢铁上下游行业发展趋势，认真梳理自身业务需要，进一步健全国际化经营管理体系及风险防控体系，确定了突出重点、稳健可行的国际化经营工作目标，在风险可控前提下探索在共建"一带一路"国家拓展国际化业务。在多个热点区域论证了初级产品、短流程、海外仓等钢铁国际产能合作项目，为海外市场布局提供了坚实储备。

融入"一带一路"建设。近年来，鞍钢集团加大在共建"一带一路"国家"走出去"力度，推进优质产品"走出去"，并深入研究共建"一带一路"国家的综合投资环境，探索国际产能合作方向。重点发掘重轨、钒等拳头产品国际市场空间，重轨多年来保持国内出口第一的领先态势和地位，远超国内同行，有效助力了巴西、澳大利亚、斯里兰卡、巴基斯坦、墨西哥、坦桑尼亚、匈牙利、塞尔维亚、印度尼西亚等国家的"一带一路"重点铁路工程建设。其中，中国与印度尼西亚两国高度关注的共建"一带一路"旗舰项目——雅万高铁于2023年10月2日正式启用，全长142.3千米的雅万高铁所用的3.8万吨钢轨全部来自鞍钢集团。钒产品海外市场主要集中在印度、阿联酋、土耳其、印度尼西亚、马来西亚等共建"一带一路"国家，海外市场占有率约10.8%。

加强国际交流。鞍钢集团连续六届参加中国国际进口博览会，精心策划组织、呈现特色展台、加强互动合作，如图3-5所示。与西门子、SMS GROUP、施耐德电气等9家国际知名成套设备及备品备件供应商进行现场签约，进一步强化鞍钢集团与国外企业的融通交流。出席

2023全球工业互联网大会，利用5G、AI、大数据等技术全方位推介数字鞍钢建设成果，向世界展现鞍钢集团智能化发展品牌形象。

图3-5 进博会展品

第五节 环境友好，人与自然和谐共生

作为"钢铁工业的长子"，鞍钢集团从顶层设计着手，推进环保工作部署，不断探索绿色发展新路径，勇敢出征碳资产金融领域"蓝海"，持续推动清洁淬炼、生态仓库，走在行业前列，彰显"长子"的绿色担当。

一、锚定"双碳"目标，推进绿色发展

鞍钢集团深入贯彻落实党中央、国务院关于碳达峰、碳中和的决策

部署，协同推进降碳、减污、扩绿、增长，将系统观念贯穿"双碳"工作全过程，围绕强化顶层设计、研发低碳技术、提升系统能效、开发绿色金融等重点工作，凝心聚力，扎实推进，持续提升绿色低碳发展水平。

强化顶层设计，系统推进碳达峰。为响应"双碳"目标，鞍钢集团主动作为、勇于担当，探索创造零碳钢铁的"鞍钢模式"，2021年5月27日，《鞍钢集团碳达峰碳中和宣言》重磅发布；同年12月，"鞍钢集团低碳冶金路线图"紧随出台（见图3-6）。随后，鞍钢集团紧锣密鼓推进《鞍钢集团碳达峰及减碳行动规划》编制修订工作，明确"双碳"工作的具体目标、时间节点和主要路径，建立集团级专家库，开展"钢铁行业碳达峰、碳交易系列政策、案例及思考""钢铁行业环境产品声明（EPD）暨钢铁产品生命周期管理""钢铁行业'双碳'实施路径与综合解决方案"等一系列培训，为鞍钢集团全面实现绿色低碳发展聚力蓄能。

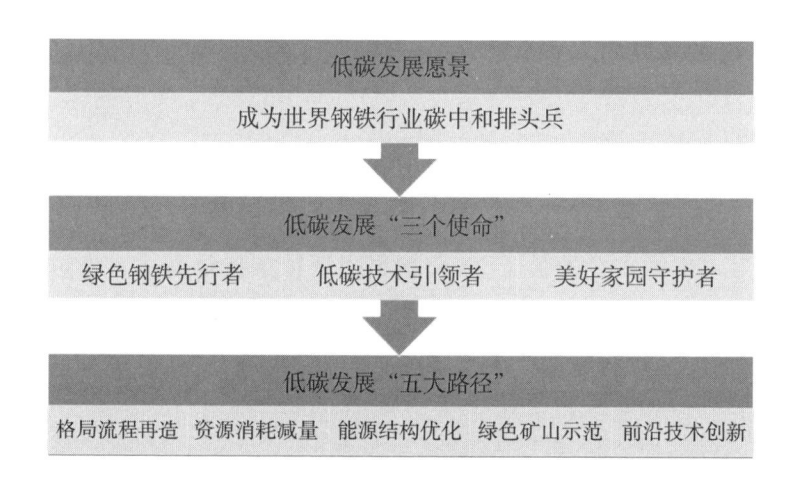

低碳发展愿景
成为世界钢铁行业碳中和排头兵

低碳发展"三个使命"
绿色钢铁先行者　低碳技术引领者　美好家园守护者

低碳发展"五大路径"
格局流程再造　资源消耗减量　能源结构优化　绿色矿山示范　前沿技术创新

图3-6　鞍钢集团低碳冶金路线

研发前沿技术，提升降碳能力。鞍钢集团充分发挥企业创新主体作用，研发氢冶金技术，在鲅鱼圈分公司开工建设具有完全自主知识产权的全球首套绿氢零碳流化床高效炼铁新技术示范项目，为深度降碳做好技术储备。研发新型炉料技术，基于低碱高硅球团的低碳排放高炉炉料技术在鞍钢集团带式机球团矿生产线实现产业化应用，获得2022年度世界钢铁协会第十三届"Steelie奖"的"低碳生产卓越成就奖"，为降低钢铁企业硫化物、碳氧化物、氮氧化物排放开辟了新的路径。

推广清洁经验，提升系统能效。集团以节能优先为原则，制定《鞍钢集团先进节能减碳技术清单（2022年版）》，为子企业新建和改建项目中应用先进节能减碳技术提供参考，提高能源资源利用效率，高炉炉顶均压煤气回收、加热炉黑体强化辐射、CCPP发电等节能技术在攀钢、鞍钢集团本钢集团均有应用。推进高效发电项目建设，鞍钢集团本钢集团180MWCCPP和攀钢钒100MW余热余能发电项目建成投运，两个项目可实现每年增加发电量9.8亿千瓦时，约减碳76万吨。

开发绿色金融，降低融资成本。集团各子公司大力创新绿色低碳金融产品和服务开发，降低企业融资成本，推动经济社会绿色低碳转型。其中，鞍钢集团发行绿色债券3亿元，较基准利率下浮40%；发行3年期可持续发展挂钩债券20亿元，较同期贷款基准利率下浮35%，创同期钢铁行业同期限债券最低利率。鞍钢矿业发行全国铁矿石行业首笔绿色债券2亿元，较同期贷款基准利率下浮29%。攀钢发行低碳转型债2亿元、发行科创票据5亿元，较基准利率下浮30%~58%。通过发行以上多类绿色债券，为解决高碳行业转型资金缺口和棕色领域转型融资难题，实现低碳目标和促进生态文明建设提供了更为全面、深入的金融支持。此外，广州联众成功开展碳排放配额回购业务，为企业融入资金2630万元，有效降低了企业资金成本，为绿色产业发展赋能。

二、管理"践"绿，夯实绿色根基

鞍钢集团以"天更蓝、山更绿、水更清、生态环境更美好"为目标，持续健全环保机制及体系，提升环保意识，以管理促提升，实现绿色发展管理先行。

健全环保体系。鞍钢集团通过制定环保目标、完善环保制度、健全环保组织，持续完善环保管理机制，最大限度降低对环境的负面影响。在制定环保目标上，积极落实环境责任绩效考核管理，子公司鞍钢股份在能耗、废弃物排放等方面制定清晰的环保目标，严控排放限值，精准分解指标；鞍钢集团本钢集团制定污染物排放量、二氧化碳排放量、超低排放等环保目标，并积极采取相关举措，强化环保指标的监测与管控，实现闭环管理。在完善环保制度上，印发《鞍钢集团有限公司环境保护责任制》《鞍钢集团有限公司环境保护管理办法》《鞍钢集团有限公司节能管理办法》等环保制度，并积极鼓励矿业公司、攀钢、鞍钢股份等单位健全自身环保机制，最大限度降低环境影响。在健全环保组织上，印发《关于调整（成立）鞍钢集团有关职能工作领导小组（委员会）组成的通知》，根据人员变动情况和工作需要调整环保组织，为绿色管理提供机构保障。

提升环保意识。环保意识的提升是环保履责的前提，为提升全体员工环保意识、生态理念，鞍钢集团积极开展各类环保培训，普及环保知识，全面提升各子公司员工环保意识。以 2022 年为例，子公司鞍钢股份组织开展辐射安全管理培训，覆盖 250 人；子公司攀钢组织参加钢铁行业大气污染治理与超低排放线上培训会，开展钢铁行业超低排放技术与全过程减排实践、"双碳"背景下钢铁行业超低排放相关政策与路径规划展望等 6 项内容的专题培训，参培 280 余人，进一步提升环保管理队伍的专业化水平；鞍钢集团本钢集团对各类管理人员开展线上线下相结合环境保护培训，全年集中培训 10 次，同时安排公司级、厂矿级、班组级各类培训，主要内容包括《中华人民共和国固体废物污染环境防治法》的解读、《危险废物三个能力建设》、《企业规范化环境管理要点》、《垃圾分类处置》等，环保培训投入 13 万元。

三、运营"见"绿，促进三废治理

鞍钢集团深入践行习近平生态文明思想，通过持续开展污染防治装备升级和超低排放改造，推进废气、废水和固体废弃物治理，深入打好污染防治攻坚战，全面提升绿色生产能力和水平，交出了一张出色的"清洁答卷"。

降低废气排放，推动大气污染深度治理。近年来，鞍钢集团结合国家超低排放实施意见及省政府、市政府要求，开展系统排查梳理，制定改进措施，推进废气治理。建立超低排放推进工作机制，制定推进工作方案，成立推进工作领导小组，对重点项目实施挂图作战，并通过持续优化原燃料结构，持续推进数字化系统应用极致化，探索和加快低碳新技术研发，加快实现绿色低碳、循环发展。全面推进超低排放改造工作，开展鞍钢集团本钢集团焦炉脱硫脱硝改造、烧结脱硫脱硝改造等 32 个超低排放改造项目，有效推动大气污染深度治理。2023 年，西昌钢钒成为四川省首家完成全流程超低排放改造的钢铁企业。

开展污水治理，提高水资源利用效率。鞍钢集团各下属单位（如攀钢、鞍钢集团本钢集团）以污水治理项目为依托，利用先进工艺和设备，提高中水回用，不断强化水资源合理处置与管理，提高水资源利用效率。攀钢建立企业浊循环水系统、净循环水系统、废水回收利用系统及在线监测工作制度，实施生产排水、生活排水、雨水排水"三网分离"措施，并组织攀钢钒、攀长特、股份公司编制废水减量化实施方案，完成烧结烟气脱硫废水系统改造、氯化精制区域雨污分流改造等项目，实现废水减排 130 万吨。鞍钢集团本钢集团本着"源头减量、再循环、再利用"治理原则，实施"零排放"工程，包括废水源头治理减量化工程、废水处理再循环再利用工程、特殊废水处理及回用工程 3 个部分，推进 43 项污水"零排放"工程落地生根，保障水资源充分合理利用。

减少固废排放，降低企业运营的环境风险。鞍钢集团坚持固体废弃物源头减量化、资源化，严格执行危险废物污染防治制度，强化危险废物和辐射全过程、全路径管理，提高资源利用率，降低环境风险。一是委托有资质的单位合规处置危险废物；二是加强各单位危险废物暂存管理，确保暂存合规；三是加强放射源和射线装置的日常检查，对新引进和退役的放射源严格按照国家规定办理合规手续，杜绝发生辐射事故；四是开展辐射应急预案演练，提高辐射突发事件应急处理能力，全面保障危险废物合规处置，最大程度降低和消除危险废物处置带来的环境风险。

四、厂矿"建"绿，保护美丽生态

"生态兴则文明兴""良好生态环境是最普惠的民生福祉"。鞍钢集团尊重自然、顺应自然和保护自然，实施完成矿山生态修复三年规划，有序推进复垦工程，有效增加生态碳汇，促进人类和谐共生。

推进矿山复垦。鞍钢集团在严格遵循矿山相关治理标准的基础上，号召矿业公司、攀钢等下属单位持续加强矿区环境治理，打造生态矿山。矿业公司超额完成《2020—2022 年矿山生态修复规划》目标，并积极推进关宝山"双鞍"共建绿化复垦示范园项目，矿山实际治理面积 22.34 公顷（1 公顷 = 0.01 平方千米）。2020—2022 年企业自行治理 487.8 公顷（含 2022 年治理 243.53 公顷），矿山复垦率 45% 左右，可复垦率近 100%。攀钢按照边开采、边治理原则，滚动修编生态恢复规划，制定年度实施计划，积极推动矿山渣场生态恢复治理，2022年完成马家田尾矿库、东烧厂尾矿库（见图3-7）、巴关河渣场等生态恢复共191公顷。

图3-7 矿业公司东烧厂尾矿库复垦绿化基地

建设生态厂区。鞍钢集团将生态环保及生物多样性保护理念根植于心、融于生活，美化、绿化工作场景，打造生态厂区，致力于成为自然生态的守护者。鞍钢股份持续建设生态工厂，重点组织改造西门路、北部大道，继续完善中央大道、立耐大道、西耐大道及和木大道等参观景观环线绿化，提升炼铁总厂、炼焦总厂、能源管控中心等各生产厂景观区域的绿化水平，开展灵山料场和能源管控中心防护林的绿化栽植，并打造厂区生态系统，为厂区内鹅、梅花鹿等生物提供和谐共生的生存环境。2023年，鞍钢股份（鞍山区域）栽植乔木5.62万株、灌木13.67万株、藤本植物1.32万株、播种苜蓿草3.05万平方米。

践行绿色办公。鞍钢集团对外倡导低碳生活的同时，对内践行绿色办公，鼓励员工从自身做起，从身边小事做起，节约各类资源，为守护自然生态贡献自己的一份力量。在节约用电方面，倡导公司空调温度夏季不低于26℃，冬季不高于20℃，无人时不开空调，开空调时不开门窗；充分利用自然光，人走灯熄，杜绝白昼灯和长明灯；减少办公自动化设备待机消耗，下班及时关闭。在节约用水方面，使用节水设备，强化员工节水意识；加强用水设备维护，发现故障及时排除，避免水资源浪费；提倡一水多用，提高水资源利用率；鼓励员工养成习惯，水龙头随用随关，杜绝长流。在节约用纸方面，大力宣传无纸化办公，提倡多开电话、视频会议，积极引入电子化系统。在降低油耗方面，加强公司公车日常管理，采取"严格检修，减少油耗；合理安排，统筹调度；一趟多站，一站多事；就近乘车，提高效率"等举措，并禁止公车私用。

第六节　以人为本，筑造广阔成长平台

鞍钢集团践行"以人为本"的发展思想，发扬"鞍钢宪法"精神，将每一名员工视作宝贵的财富，重视安全生产，促进安全生产措施落地落实，为生命保驾护航，积极关注员工成长，打造健康向上的内部环境，为员工搭建安全、多元、平等与包容的广阔发展舞台。

一、尊重生命，筑牢安全生产根基

安全生产事关人民福祉，事关经济社会发展大局，是最现实的"国之大者"。鞍钢集团牢固树立安全发展理念，贯彻落实《中华人民共和国安全生产法》（以下简称《安全生产法》）等法律法规，构建安全生产长效机制，保障员工生命和身心健康，实现安全生产形势的持续稳定向好。

（一）强化安全管理

集团聚焦安全生产创新管理，开发"云安智联"监管平台，建立安全专家工作机制，以强化风险管控为中心，深入推进高质量隐患排查整治工作，不断完善安全应急管理体系，为加快建设高质量发展"新鞍钢"提供坚强安全保障。

建立安全生产管理体系。集团公司以关于安全生产的要求为指导，以安全激励机制为促进,以"云安智联"监管平台为抓手,制定《总部安全生产目标责任管理办法》等制度,搭建完善的安全生产管理体系;将安全指标纳入经营考核体系,使管理层收入与安全绩效挂钩,并与7家子企业签订年度安全生产目标责任状,强化激励约束,进一步压实安全责任;自主研发"云安智联"监管平台,运用大数据集成安全履职、隐患排查、重大风险监管等8个方面管理,构建安全监管"一张网",实现管理可视化、监管高效化和预警自动化。

开展安全隐患排查治理。针对基层单位隐患排查能力差、整改效率低的问题,鞍钢集团创新隐患排查机制,首次打破年龄、身份界限,从在职和退休的专业技术人员中遴选专家50余人,在央企率先建立一支安全专家团队,指导隐患排查工作开展。编制重大隐患排查指导细则,对"钢8条""粉6条"等标准开展全面解读培训,全力破解基层管理人员隐患"不会查""不会改"的管理瓶颈。遵循"减存量、控增量、动态清零"总原则,全面开展隐患排查整改,组织各子企业年初开展一次全员、全维度隐患排查,摸清底数,作为存量隐患;将每月动态检查发现的隐患作为增量隐患,通过增量隐患与存量隐患之间的比率衡量子企业隐患排查工作质量,督促子企业减存量、控增量,努力向动态清零目标迈进。在安全专家团队和监管平台的交互推动下,指导基层单位及时排查治理事故隐患,不断提升风险防范能力。

完善安全应急管理机制。鞍钢集团统筹发展与安全,立足于防大汛、抗大洪、抢大险、救大灾,加强应急管理,不断提高防灾、减灾、抗灾、救灾能力。针对高风险场所,完成生产安全事故综合预案、专项预案的修订及备案工作,开展易燃易爆、有毒有害、粉尘等高风险场所应急实战演练,检验预案适用性;针对自然灾害,开展防汛演练、汛前预防检查、汛中检查及汛后评价工作,组织开发"云安智联"汛情预警模块,并与全国气象信息网对接,提升防汛信息化水平。

（二）提升安全意识

鞍钢集团始终把生命安全放在第一位，落实安全生产主体责任，切实将安全发展理念贯彻到生产经营各环节，提升全体员工的安全责任意识，营造安全发展的良好环境和氛围。

宣贯安全知识。鞍钢集团充分利用电视、网络、新媒体等各类媒介，采取专题、专片和知识竞赛等多种形式，普及安全生产知识。深入开展全员安全生产法律法规轮训活动，组织线上《安全生产法》宣贯、观看《生命重于泰山》专题片；悬挂安全旗、宣传标语，张贴学习宣传海报，举办安全知识竞赛和有奖答题，丰富员工安全知识，提升安全意识。

强化安全技能。除学习安全理论知识以外，鞍钢集团也注重员工安全技能的提升。以2022年为例，鞍钢集团开展了员工安全技能专项培训4080余场，发放事故案例汇编46000余册，以典型案例推动员工安全技术水平提升；针对"钢8条""粉6条"等标准开展全面解读培训，提升基层管理人员隐患整改能力；组织救援专业技能比武、安全员技术比武等活动，提高应急救援队伍的实战能力。

开展专项活动。鞍钢集团以安全生产月等活动为依托，定期举行安全整治专项行动。开展"安全生产提升年行动"，全力促进思想认识、安全生产责任落实、安全生产专项整治三年行动效果、安全管控能力及本质安全水平"五个再提升"。

（三）守护职业健康

鞍钢集团严格遵守《中华人民共和国职业病防治法》等法律法规，落实《职业健康检查管理办法》，不断完善职业健康安全管理体系，健全职业健康及工伤救治管理制度，持续做好职业病危害因素检测、职业卫生现状评价及员工上岗前、在岗期间和离岗时的职业健康体检等工作，针对性组织职业健康专业知识培训，累计覆盖1万余人次；开展职业病宣传周活动，督促员工遵守职业健康有关法律法规、标准和制度，提升员工职业病防范意识；关注员工心理健康，定期开展心理咨询，正面疏导员工心理压力，帮助员工保持心理健康；以"安康杯"竞赛为载体，以预防生产安全事故和控制职业病危害为重点，广泛组织开展安全生产活动，基层单位和一线班组均都参赛，切实维护员工安全健康权益，有效预防和控制职业病，不断提高员工职业安全健康素质。

二、保障权益，构建和谐劳动关系

鞍钢集团严格遵守《中华人民共和国劳动法》等法律法规，坚持平等雇用，积极推进人才本地化政策，保障员工福利待遇，加强民主管理，努力维护每一位员工的合法权益。

坚持平等雇用。与员工依法签订正式劳动合同，尊重员工的结社自由和集体谈判权利，加强员工信息和隐私的严格管理和保密工作，公平公正对待具有不同性别、年龄、宗教信仰等差异的员工，严禁使用童工、强制劳动、骚扰歧视等一切损害劳动者权益的行为。

完善薪酬体系。统一规范薪酬管理体系，将岗位价值、职工技能、岗位绩效、企业效益有机结合，构建总体平衡、适度灵活、具备国际水准及前瞻性的薪酬分配体系。建立健全岗位、技能与绩效有机结合的薪酬分配体系，实现岗位价值、员工技能、岗位绩效和企业效益的有机结合，进一步完善多元多层激励机制。

提高福利待遇。鞍钢集团建立了由职工基本医疗保险、企业补充医疗保险、超限额医疗保险、医疗救济资金构成的医疗保障网，每年为职工免费体检，给女职工办理"女性团体安康保险"，为职工投保重病商业保险。与此同时，为全面保障广大职工老有所依、老有所养，免除后顾之忧，鞍钢集团在基本养老保险的基础上，以企业年金的方式建立补充养老保险制度，为职工老有所养筹划资金保障。

加强民主管理。落实集体协商和集体合同制度，持续完善以职工代表大会为基本形式的民主管理制度，投票表决涉及员工切身利益的决议事项，全票通过《关于加强劳动合同和岗位合同管理　全面推行用工市场化的指导意见（试行）》，推进基层厂务公开和实名制"网络问企"活动，倾听员工心声，鼓励员工建言献策；规范召开各级职代会，表决通过福利费使用方案、经营绩效评价办法及涉及用工、工伤、休假等管理办法，保障员工知情权、参与权、表达权和监督权。

三、关心关爱，提升员工幸福指数

职工利益无小事，一枝一叶总关情。鞍钢集团坚持以人为本，常态化推进"我为群众办实事"活动，多样化、多层次满足员工的需求，为公司发展增添活力，提升员工的幸福感和获得感。

倾情关爱员工。鞍钢集团聚焦职工群众急难愁盼问题，从最困难的群体入手，把走访慰问与日常帮扶结合起来，全面了解、掌握困难职工生活状况，完善困难职工档案信息，及时调整困难职工界定标准，建立健全鞍钢集团困难职工帮扶管理系统，促进送温暖常态化、精准化。领导班子下矿井、上炉台，进班组、到岗位，面对面听取生产一线职工的意见和建议，印发《关于开展"践行共享理念　关爱一线员工"专项服务行动的通知》，把改善工作环境、改善生活福利设施、收入分配向一线职工倾斜、职工技能提升、扶弱帮困和加强扬尘治理6个方面问题作为专项服务行动的重点，回应广大一线职工的关切，把职工满意率作为评价活动成果的标尺，让职工共享企业改革发展成果。

丰富员工生活。为平衡员工工作与生活，鞍钢集团举办乒乓球、气排球、诗歌大赛等丰富多彩的文体活动，营造和谐融洽氛围，提高员工的归属感。鞍钢集团本钢集团成立了新媒体、棋牌、足球、网球、篮球、乒乓球6个协会，组织开展"喜迎二十大、建设新本钢、支撑新鞍

第三章 知行合一，聚集社会价值创造力

钢""喜迎二十大、冲刺双跑赢、美丽本钢接力赛"一系列活动，举办职工书法美术摄影征集评选活动，极大地丰富了员工的业余文化生活，如图3-8所示。

图3-8 鞍钢集团本钢集团开展篮球比赛文体活动

四、树德育人，助力人才成长发展

鞍钢集团为员工提供多元化的职业发展机会，建立健全公司发展与员工个人成长相配套的培训管理体系，充分激发员工队伍的活力。

培养专业人才。人才兴，则企业兴。多年来，鞍钢集团着力营造"重才、用才、爱才"的良好氛围，持续优化教育培训体系，明确"以训促学、以学兴企"的培训工作理念，初步建立以能力素质模型为标准的课程体系，扎实开展员工培训，提升员工管理水平和专业化能力，帮助员工实现最大价值。在年轻干部培养方面，实施"摇篮计划"，开展系列中青年干部培训，系统培养70后、80后、90后优秀中青年干部，实现源头培养、跟踪培养、全程培养。在技能人才培养方面，推动实施"英才计划",建立涵盖冶金、钒钛、矿业、机电等专业领域的人才库。在财务人才培养方面,与上海国家会计学院联办财务能力提升班,分类选调700多名员工参训,提升员工财务监控、风险防范和会计信息运用能力。在国际化人才培养方面,系统推进国际化人才培养工程,选调培养对象参加专题培训,开展技能比武竞赛(见图3-9),开拓国际化视野,提升国际化能力。

图3-9 技能比武竞赛

助力人才发展。鞍钢集团持续完善员工职业发展通道,不断优化人力资源配置,调动员工的积极性和创造性,增强集团发展内生动力。完善职业发展通道,健全以岗位任职资格为基础、以能力业绩为导向的岗位管理体系,涵盖管理、技术、操作等多序列,形成H形人才晋升交流模式,促进各类人才分类发展。持续推动实施人才等级序列政策,选拔先进人才。为员工制定职业生涯规划,配备职业规划导师、能力导师、理论导师、实践导师,以师带徒,传道授业解惑。提升再就业能力,建立健全赋能流转机制,制定赋能中心管理办法，通过竞聘上岗、参加赋能培训等方式对员工进行分流安置。

第七节　乡村和美，助力百姓宜居宜业

鞍钢集团肩负国家和历史使命，坚持做有责任有担当的企业，在创造经济价值的同时，努力创造更多社会价值，持续在发展中保障和改善民生，以赤子之心回馈社会。

一、共建共治，打造和美乡村

鞍钢集团认真学习《坚持把解决好"三农"问题作为全党工作重中之重 举全党全社会之力推动乡村振兴》的精神，始终把定点帮扶作为重大政治任务，坚持"四个不摘"工作要求，聚焦"五大振兴"工作目标，把"钢铁工业的长子"的使命担当书写在全面推进乡村振兴的画卷上。

（一）加强顶层设计，书写小康社会新篇章

鞍钢集团始终坚持把定点帮扶工作作为重点工程，成立由董事长、总经理任双组长的定点帮扶工作领导小组。2022年全年主要领导实现定点帮扶县调研全覆盖，班子成员先后深入帮扶点调研指导4人次，相关负责人调研49人次。召开定点帮扶专题工作会议8次，学习研讨党中央、国务院关于定点帮扶工作的新政策、新要求，推进帮扶工作落实落地。精准对接地方需求，制订《鞍钢集团有限公司2022年定点帮扶工作计划》，将重点工作细化为《鞍钢集团有限公司2022年定点帮扶工作项目表》和《鞍钢集团有限公司2022年定点帮扶指标表》，明确分工，压实责任，强化落实，确保帮扶实效。

（二）选派优秀干部，接续乡村振兴新使命

鞍钢集团坚持"尽锐出战、雪中送炭"的原则，扎实做好援派干部工作，关心关爱援派干部，充分激发乡村振兴干部队伍的活力及凝聚力，当好乡村振兴的"领头雁"。首先，明确干部选定标准，按照政治素质好、工作作风实、综合能力强、履职能力优的标准，层层推荐、选拔优秀干部赴定点帮扶县挂职。其次，有序开展帮扶工作，对援派干部人数较多的受援地，组建工作组，建立定期例会制度，加强日常沟通协调，推动帮扶工作有效开展。最后，关心关爱援派干部，落实援派干部薪酬福利待遇、生活补助和通信补贴，为援派干部办理人身意外伤害保险，每年组织开展健康体检。

（三）聚焦"五大振兴"，建设现代美丽新乡村

乡村振兴是包括产业振兴、人才振兴、文化振兴、生态振兴、组织振兴的全面振兴。为实现"五大振兴"目标，鞍钢集团持续发挥带头作用，做好方针制定，加大人财物力投入，倡导全民参与，助力定点帮扶地区经济社会高质量发展，展现广袤乡村活力奔涌的新气象。

助力产业振兴。产业是发展的根基，也是巩固拓展脱贫攻坚成果、全面推进乡村振兴的主要途径和长久之策，鞍钢集团聚焦产业促进乡村发展，筑牢乡村全面振兴的物质基础。在贵州盘州，通过消费帮扶采购盘州农特产品1.5亿元，定向采购盘州煤炭产品近300亿元，有效助力了脱贫人口增收和村集体经济壮大。在新疆塔什库尔干塔吉克自治县，继续围绕强链、延链、补链做文章，持续发展壮大塔什库尔干塔吉克自治县帕米尔高原特色牦牛养殖及易地帮扶搬迁安置区后续产业。实施塔提库力搬迁点种植项目，为养殖业发展提供源头保障；无偿购置西门塔尔肉牛，并引进2家企业投入有偿帮扶资金，为塔什库尔干塔吉克自治县畜牧产业发展注入蓬勃动力；实施提孜那甫乡果蔬基地温室改造项目，培育本土蔬菜、瓜果、水产、禽类供应链，解决塔什库尔干塔吉克自治县"吃菜难""吃菜贵"问题。

助力人才振兴。乡村振兴，人才先行。鞍钢集团通过引育创新人

才，为乡村振兴注入活力和创造力。在贵州盘州，组织盘州地方国企和主管部门负责人到鞍钢集团参加领导人员能力素质提升培训，同时依托鞍钢集团下属机电学院师资力量和外聘农技专家，先后组织基层干部、致富带头人和蔬菜种植户等开展专题培训。在新疆塔什库尔干塔吉克自治县，组织塔什库尔干塔吉克自治县基层干部到鞍钢集团内部企业挂职交流学习，实施特色种植类、基础管理类和专业技术类3类7项培训课程，助力激发塔什库尔干塔吉克自治县乡村振兴内生动力。

助力文化振兴。文化振兴是乡村振兴的重要基石，鞍钢集团发挥"文化生产力"的物质力量，提升乡村文化对乡村经济社会发展的综合带动作用。持续实施"文化润疆"工程，投入302万元，实现塔什库尔干塔吉克自治县乡镇中小学爱国主义教育基地和国学课堂全覆盖，帮助塔什库尔干塔吉克自治县青少年了解中华民族灿烂的文化与悠久的历史，增强其民族自信心与自豪感，全县9406名学生和972名教职工受益。开展移风易俗和乡风文明活动，2022年，驻塔什库尔干塔吉克自治县工作组与当地19户脱贫户结对认亲，定期走访、慰问，帮助解决生活困难问题，推进农村革除陈规陋习。花甲山村第一书记徐杨秋带头编制村规民约"三字经"，将"家风美"作为文明户评选的重要指标；三角田村第一书记谢玉川带领组建民俗歌舞队，定期开展志愿者活动，服务环境卫生治理和孤寡老人帮扶，营造文明和谐乡风。

助力生态振兴。生态振兴是乡村振兴的内在要求，鞍钢集团坚持绿色发展理念，大力实施环境整治工程，参与塔什库尔干塔吉克自治县30个和美乡村建设，改造户厕、旅游厕所35个。助力盘州农村人居环境整治，实施"三角田村双山自然寨公共环境改造""旧普安美丽村寨建设"等项目，从根本上解决生态环境问题，让村庄面貌焕然一新。积极推进引水灌溉项目，在塔什库尔干塔吉克自治县投资55.5万元实施萨热吉勒尕村引水灌溉工程，打通3000亩（1亩≈666平方米）耕地草场灌溉通道，提升乡村农业、畜牧业生产能力，改善群众的生活环境及生产条件；在盘州投入206万元，新建12千米引水管道和500立方米调节水池，不仅解决了两村1500亩土地补充灌溉问题，还可作为村民选择性饮用水。

助力组织振兴。鞍钢集团始终坚持以党建激发村党组织动力，把基层党组织的政治优势、组织优势转化为推动乡村振兴的发展优势，激发乡村振兴"组织动能"。深化支部结对共建活动，持续推进4个结对共建党支部（塔什库尔干塔吉克自治县、盘州各2个）在阵地、文化、活动等方面开展工作，共建党建引领乡村振兴示范点。严格"三会一课"、主题党日等组织生活制度，融入企业干部和绩效管理制度，推行"一岗一职责、一人一清单"村干部及公益性岗位管理方法，提高基层干部思想水平和服务能力。发挥党群工作优势，开展"情暖六一""暖冬关爱"活动，慰问困难留守儿童；开展"救急难"活动，慰问老党员、困难党员、困难群众；实施党群服务站改造，在盘州花甲山村建设标准化党建活动阵地，定期开展政策宣讲、农民夜校等活动，筑牢基层战斗堡垒。

（四）深化消费帮扶，实现城乡共同发展

鞍钢集团继续大力实施消费帮扶，在乡村地区和消费市场之间建立畅通的供需渠道，调动政府、市场和社会各方力量扩大农副产品消费市场，帮助乡村地区群众增收致富。

畅通产销渠道。鞍钢集团充分利用线上线下交易平台，通过员工福利、以购代捐等形式购买帮扶地区农产品，帮助解决农副产品滞销难题；通过直播带货推动品牌营销，同时在鞍钢集团商超、食堂、博物馆等场所开设帮扶产品专柜，帮助销售特色农产品，助推塔什库尔干塔吉克自治县、盘州特色农产品入辽入川。

合作支持采购。发挥企业优势，积极向产业链上下游企业、合作单位推广帮扶地区农产品,推进消费帮扶外延扩展。与盘江精煤公司签订战略合作协议,直接采购煤炭产品 50 余亿元,有效助推区域经济发展;对接央企消费帮扶电商平台,组织参加"兴农周"消费帮扶活动;与帮扶地经信局和乡村振兴局沟通,完善消费帮扶商品目录,打通农特产品从田间地头到员工餐桌的"最后一公里",将帮扶地区的资源优势转化为助力共同富裕的经济优势。

二、互信互助,共享和谐生活

鞍钢集团坚持发展不忘回馈社会,鼓励并支持员工积极投身社区建设与公益志愿服务,努力与当地社区建立公开、真诚、和谐的关系,全面推进社区的可持续发展,彰显央企责任和担当。

支持社区发展。鞍钢集团坚持企业和社区共同发展,充分发挥自身资源优势,深入社区,开展一系列普惠民生的社区共建活动,提升当地居民的生产和生活水平,切实增进民生福祉。在海外,下属单位卡拉拉矿业有限公司作为鞍钢集团在澳大利亚的中资企业,积极推进社区建设,开发社区农场和创新农场,以"用户投入/用户获益"的方式开展粮食种植、建立养鸡场和园艺企业,并为当地居民提供技能培训,带动社区就业;同时,通过会谈、举办商会活动等方式,与地方政府、土著人团体、当地民众、当地中国总领馆和中资企业等利益相关方保持良好关系和密切沟通。在国内,下属单位鞍山钢铁物业公司与鞍山师范学院国学中心合作打造的全国首家以钢铁为主要元素的钢美术馆向公众免费开放,为公共文化教育基础设施建设贡献力量,如图 3-10 所示。自开放以来,钢美术馆内举办了各类高质量艺术展览和文化艺术活动,也成为美术专业人员、非美术爱好者及学生等各个群体展览交流、艺术座谈、文化沙龙的场馆,充分发挥了弘扬优秀传统文化、惠及惠民公共文化服务等公益性功能,使其成为提高广大市民艺术素质、推动文化艺术教育的新基地，让公共文化服务设施真正为民所享。

图3-10　全国首家以钢铁为主要元素的钢美术馆

投身公益慈善。鞍钢集团积极参与国家救灾、扶危济困等救助活动，认真履行社会责任，推动我国公益事业发展，促进社会主义和谐社会建设。2022年9月5日，四川发生地震，鞍钢集团高度重视，迅速响应，紧急向四川省慈善总会捐赠2000万元，并第一时间安排驻川企业全力以赴做好支援抗震救灾工作，为坚决打赢抗震救灾这场硬仗作出应有贡献。此外，鞍钢集团旗下各子公司也积极参与各类公益活动、志愿服务，子公司攀钢开展"润"行动·情暖"六一""暖冬关爱"公益活动，为困难青少年捐赠爱心物资；鞍钢集团本钢集团开展"承使命担当，为生命续航"爱心献血、"文明出行我先行"交通指引等16项常态化特色志愿服务，持续弘扬"奉献、友爱、互助、进步"的志愿服务精神，推动新时代志愿服务事业持续健康蓬勃发展。

第四章

务实笃行，推进价值创造结硕果

第四章 务实笃行，推进价值创造结硕果

鞍钢集团坚守"长子担当"初心，加强与利益相关方的合作与沟通交流，全面强化利益相关方品牌认同，共创经济、社会和环境多元价值。在企业的不懈努力下，鞍钢集团综合价值创造结出了累累硕果。

第一节 铭记初心使命，创建世界一流

鞍钢集团聚焦价值卓越、治理现代、规模领先、品牌卓著的世界一流企业目标，以打造世界一流的竞争力、治理力、生产力、影响力为着力点，加快补齐短板弱项，推动世界一流企业建设不断取得新成效。

一、价值卓越，打造世界一流的竞争力

鞍钢集团作为"钢铁工业的长子"，拥有世界一流的价值创造能力。2022年，鞍钢集团利润总额在钢铁行业排名第4位，销售利润率达到行业平均水平的1.8倍，10年来首次连续3年跑赢行业大盘；在2022年《财富》世界500强排行榜位居第217位，较上年跃升183位，成为榜单中上升速度最快的企业。鞍钢集团旗下有3家上市公司，分别为鞍钢股份、钒钛股份、本钢板材，具备5300万吨铁、6300万吨钢、4万吨钒制品和50万吨钛产品生产能力。其中，鞍钢股份2022年度实现营业收入为1310.72亿元，实现净利润为1.56亿元；钒钛股份2022年实现营业收入、归属上市公司股东的净利润分别为150.87亿元、13.44亿元，为股东持续创造价值的能力凸显。

二、治理现代，打造世界一流的治理力

鞍钢集团深化现代企业制度建设，全面落实"两个一以贯之"，推

动公司治理机制更加成熟定型；深化市场化经营机制建设，聚焦狠抓三项制度改革实效重点攻坚；增强战略管理能力，以"五力"（增强国有经济竞争力、创新力、控制力、影响力、抗风险能力）战略评价模型为抓手，推进战略规划落实落地、迭代升级；加快推进数字鞍钢建设，推进"数据赋能、管控升级、经营协同、制造增效"；加快建立世界一流财务管理体系，推进鞍钢集团"三位一体"财务管理体系建设；加快建立基于全价值链的精益管理体系，构建全员参与、持续改善的精益管理长效机制；加强合规管理，增强抗风险能力，立足"三纵一横"法治鞍钢建设工作体系，深化法律、合规、风控一体化运行，形成了世界一流的治理能力。

三、规模领先，打造世界一流的生产力

鞍钢、本钢重组后，粗钢年产能达到 6300 万吨，位居国内第二、世界第三，使国内排名前十位的钢企产业集中度提高到 42%。鞍钢集团成为我国北方最大的钢铁"航母"，构建了"南有宝武、北有鞍钢"的钢铁产业新格局。鞍钢集团在中国东北、西南、东南、华南等地有九大生产基地，具备 5300 万吨铁、6300 万吨钢、4 万吨钒制品和 50 万吨钛产品生产能力，拥有位于中国辽宁、四川和澳大利亚卡拉拉的丰富铁矿和钒、钛资源，年产铁精矿 5000 万吨，是世界最大的产钒企业，中国最大的钛原料生产基地，具备世界一流的生产力，是中国最具资源优势的钢铁企业之一。

四、品牌卓著，打造世界一流的影响力

一直以来，鞍钢集团把品牌建设作为事关企业高质量发展的一项重要工作，提出了一系列品牌建设目标，推进品牌建设工作，努力提高鞍钢品牌影响力，共同擦亮鞍钢品牌，鞍钢品牌价值稳步提升。2023 年 3

月20日，世界高质量5A权威评级机构"大美无度"发布2022中国500强榜单，鞍钢集团CNISA高质量发展指数63563.71，获评2023年"世界AAAAA品牌"和"世界500强"。2023年5月10日至14日，在新华社、中国品牌建设促进会等机构联合举办的2023中国品牌日系列活动中，中国品牌价值评价信息发布，鞍钢品牌强度达941，居冶金有色行业第1名；鞍钢品牌上榜"点赞2023我喜爱的中国品牌"。

第二节 携手利益相关方，共创多元价值

鞍钢集团始终秉承"大企业要有大担当"的理念，不断推动企业、社会、环境协同发展，努力成为创造价值、富有责任、备受尊敬的企业公民。特别是党的十八大以来，鞍钢集团坚持履行社会责任，在打造责任央企、绿色央企、活力央企的道路上步履铿锵，成果显著，赢得了社会和企业职工的广泛赞誉。

低碳引领，兴自然生态。鞍钢集团深入践行习近平生态文明思想，坚定不移贯彻新发展理念，扛起生态文明建设的政治责任、社会责任，深入推进产业优化升级，走出一条生态优先、绿色低碳发展之路，为企业高质量发展注入"绿色动能"，为建设美丽中国贡献鞍钢智慧和力量。截至2022年年底，鞍钢集团完成矿山生态修复3800余公顷，复垦率达到91.6%，16座矿山被授予"国家绿色矿山"称号。鞍钢矿业被评为"全国生态文明优秀企业"；大孤山铁矿生态修复成果作为"中国过去10年变化"的5个典型案例之一，入选国家卫星对比图；大孤山休闲旅游园、眼前山绿色采摘园、前峪尾矿库苗木培育园3个生态园区被授予"国家绿色矿山示范基地"和"中小学研学基地"，如图4-1所示。

不仅是矿山，鞍钢集团在整个钢铁制造流程上全面推进绿色发展进

鞍钢集团：引领担当、价值共创型社会责任管理

程。"十三五"以来，鞍钢集团在实现重大环境污染事件为零的目标基础上，主要绿色低碳发展指标持续提升。2022年，吨钢综合能耗、吨钢耗新水分别同比降低1.49%、5.35%；二氧化硫、氮氧化物、烟（粉）尘排放量分别同比降低14%、10%、12%，化学需氧量（COD）、氨氮排放量分别同比降低30%、14%，实现历史最好水平。近年来，鞍钢集团荣获世界钢铁协会"低碳生产卓越成就奖"；连续两年被国务院国资委授予"节能减排优秀企业"和"节能减排突出贡献企业"；下属企业分别获得工业和信息化部"'绿色工厂'示范单位"称号；4家单位成功申报"双碳"最佳实践能效标杆示范厂；多次在全国重点大型耗能钢铁生产设备节能降耗对标竞赛中捧回"冠军炉""优胜炉""创先炉"等荣誉。

图4-1 鞍钢集团矿山生态园

以人为本，兴员工成长。鞍钢集团为人才成长成才提供了广阔的沃土，不仅为国家提供了各种优质钢材，更为全国各钢铁企业输送了大量

人才,被称为"中国钢铁工业的摇篮"。从20世纪50年代起,鞍钢向全国各地钢铁企业及冶金工业领导机关、科研设计单位、基本建设单位,先后输送各级领导干部、工程技术人员、业务管理人员28878名,技术熟练工人96501名,共计125379人,其中仅冶金工厂就选调职工5万多人。鞍钢集团本钢集团先后对北满钢厂、西宁钢厂、酒泉钢厂、包钢、攀钢、宝钢等国内20多个大中型冶金企业输出干部职工和各类技术人才达38301人。在培养人才的同时,鞍钢集团加大对困难职工的帮扶力度,构建了全方位、立体化的帮扶体系,充分彰显了央企的责任担当,让所有职工体会到企业发展带来的"利益"。2013年以来,鞍钢集团坚持开展节日送温暖、金秋助学、大病救助、结对帮扶等帮困活动,使困难职工在生活、就医、子女就学、住房等多方面得到企业的关怀和帮助,一项项帮扶措施直接落地、直抵民心,做到帮困工作全覆盖,不留死角。

奉献社会,兴美好生活。鞍钢集团坚持发展为了人民、发展依靠人民、发展成果由人民共享,不断满足人民对美好生活的向往。"十三五"期间,鞍钢集团承担了10县17村的帮扶任务,投入无偿帮扶资金1.17亿元,共实施帮扶项目311个,购买帮扶地区农产品7903万元,帮助销售帮扶地区农产品521万元,此外还定向采购定点帮扶县盘州煤炭153亿元。2021—2022年直接投入帮扶资金958557.53万元,引进帮扶资金9707.32万元,为定点帮扶县培训县乡村振兴基层干部、乡村振兴带头人、专业技术人才等各类人员累计5216人次,助推帮扶地区焕发高质量发展新面貌、带动脱贫群众迎接富裕美好新生活。

合作共赢,兴邻里伙伴。鞍钢集团充分发挥技术优势,为用户定制个性化产品,用优质服务创造价值。在比亚迪举行的新能源汽车核心供应商大会上,鞍钢集团获得最高奖项——"杰出战略合作伙伴奖",成为唯一获奖的钢铁企业;在广汽乘用车(广汽传祺)第十二届供应商大会上，攀钢荣获东风商用车 2022 年度"最佳供应商"称号；本钢板材公司成为唯一一家获得上汽乘用车公司 2022 年度"优秀供应商"称号的国内钢铁企业。鞍钢股份凭借过硬的中厚板产品和优质服务，连续 3 年荣获中船黄埔文冲船舶有限公司"优秀供应商"称号；攀钢钒公司被评为"中国铁合金在线中国钒铁优质供应商"和"中国钒氮合金优质供应商和中国钒行业综合实力最强企业"。

技术创新，兴行业发展。鞍钢集团全力攻克"卡脖子"关键技术，勇当原创技术"策源地"，实现一批关键技术和产品全球首发，为钢铁行业发展贡献科技力量。2022 年，鞍钢集团发布制（修）订技术标准共 17 项，其中国际标准 2 项、国家标准 13 项、行业标准 2 项；全年荣获行业和省部级科技奖 37 项、主导发布 ISO 国际标准 2 项。

第三节　全面强化利益相关方品牌认同

鞍钢集团深入学习贯彻关于品牌建设的要求，全面落实党中央、国务院关于新时代推进品牌建设的决策部署，实施差异化的品牌战略、积极履行社会责任、加强与利益相关方沟通，塑造负责任的品牌形象，推进鞍钢品牌形象深入人心。

打造世界一流品牌。以钢铁报国，以钢铁强国。作为"钢铁工业的长子"，鞍钢集团深入贯彻落实关于中国品牌建设"三个转变"的要求，以培育世界一流品牌为目标，制定了实施差异化品牌战略，建立品牌建设体系，提升全员品牌意识，强化品牌传播，积极履行社会责任，大幅提升品牌竞争力和影响力。鞍钢集团荣获"改革开放 40 年 40 品牌"和"中国成立 70 周年 70 品牌"。国产航母、"蓝鲸一号"超深水钻井平台、"华龙一号"核电项目等国家重点工程闪耀着"鞍钢制造"的身影，鞍钢桥梁钢、重轨等产品享誉国际市场。

构建立体化沟通渠道。鞍钢集团通过官网"可持续发展"专栏、"摇篮鞍钢"公众号、可持续发展报告意见反馈、年报等方式打造多元沟通渠道，建立实时的、有效的、长期的沟通机制，向利益相关方传递鞍钢履责声音，提升利益相关方对鞍钢品牌的认可度。鞍钢集团从2010—2022年连续13年发布可持续发展报告，并发布了《2021鞍钢集团有限公司精准扶贫白皮书》《2023鞍钢集团有限公司乡村振兴白皮书》等专项报告，还制作了《飞跃鞍钢》《钢铁意志》等宣传视频，获得社会各界的广泛认可好评。

案例：纪录片《飞跃鞍钢》展现鞍钢集团"钢铁工业的长子"风采

2022年，大型系列纪录片《飞跃鞍钢》在鞍钢集团融媒体平台上线，引发企业、社会和网络上的强烈反响，短短几日总播放量便突破10万，网友纷纷转发、评论、点赞——"花园式工厂，人与自然融合的典范！""人在攀枝花，感谢所有鞍钢人，把我的家乡打造成具有世界影响力的钢铁产业基地，我为鞍钢骄傲！"

第五章

行稳致远，
开启价值创造新征程

第五章　行稳致远，开启价值创造新征程

犯其至难而图其至远。站在新的历史起点、面对新的奋斗目标，鞍钢集团将继续在党中央的领导下，加快推动"新鞍钢"新发展，实现质的有效提升和量的合理增长；实施并进一步升级引领担当、价值共创型社会责任管理模式，强一流管理、创一流价值、树一流形象，在打造责任央企、绿色央企、活力央企的道路上步履铿锵，奋力谱写建设世界一流企业新篇章。

第一节　崇德向善，强一流管理

党的二十大绘就了一幅中国人民更加美好未来的壮美蓝图，推动制造业高端化、智能化、绿色化发展，推动建设一个持久和平、普遍安全、共同繁荣、开放包容、清洁美丽的世界，成为新时代的奋斗目标，也给鞍钢集团带来了新的时代命题。鞍钢集团将用好"可持续发展"这把"金钥匙"，以实现经济、社会和环境综合价值最大化为目标，不断深化引领担当、价值共创型社会责任管理模式，从制度、文化、流程、绩效等方面持续推动管理落地和价值创造，在新征程上继续乘风破浪、勇往直前。

融入制度，夯实管理基础。落实国务院国资委于2023年发布的《关于印发创建世界一流示范企业和专精特新示范企业名单的通知》要求，持续强化社会责任管理根基。研究建立社会责任管理专项规划或专项制度，推动鞍钢集团各职能部门、子公司、分公司、直属单位结合实际制定细化的制度和执行方案，为推进社会责任管理提供制度保障。

融入流程，丰富模式内涵。以社会责任视角梳理工作流程，构建社会责任工作长效机制，推动鞍钢集团形成系统协调推进社会责任工作的

良好局面，有计划、有行动、有评估、有改进地推动社会责任管理在企业的纵深发展；结合业务与品牌特性，在实践中总结提炼形成一批可复制推广的典型流程，丰富引领担当、价值共创型社会责任管理模式内涵。

融入绩效，实现动态提升。定期总结社会责任专项规划实施情况，将社会责任成果与员工、部门、下属单位考核机制挂钩，激发公司员工参与社会责任管理与实践的积极性和主动性。以社会责任绩效检视工作成效，总结业务工作的优势与不足，持续提升全员履行社会责任的能力和意识。

融入文化，塑造行为自觉。以弘扬"鞍钢宪法"精神为主线，深度总结、精准提炼新实践，赋予新时代"鞍钢宪法"新的内涵；将社会责任与鞍钢文化相结合，加强社会责任课题研究，系统阐述社会责任知识，形成鞍钢集团社会责任系列管理工具；开展社会责任宣贯和知识管理，深化鞍钢人对社会责任的理解和认识，使之进一步根植于鞍钢文化，成为全体员工的行动自觉。

第二节　笃行致远，创一流价值

2023年8月，工业和信息化部、国家发展改革委等七部门联合印发《钢铁行业稳增长工作方案》，提出要加快推动技术装备高端化升级，加快推进绿色低碳改造，加快推进数字化转型智能化升级。钢铁工业是国民经济的重要基础产业，是建设现代化强国的重要支撑，是实现绿色低碳发展的重要领域。鞍钢集团作为中国最大的钢铁企业之一，锚定建设世界一流企业目标，始终秉承"大企业要有大担当"的理念，推动企业、社会、环境协同发展，努力成为创造价值、富有责任、备受尊敬的企业公民，以实际行动将"制造更优材料，创造更美生活"的

第五章　行稳致远，开启价值创造新征程

使命内化于心、外显于行，以切切实实行动和最优综合价值回馈国家、造福社会和自然。

打造世界一流的科技创新能力。作为"钢铁工业的长子"，鞍钢集团将科技创新作为"头号任务"，不断强化创新驱动发展的顶层设计，将"创新鞍钢"作为实现"十四五"战略目标的重要动力。鞍钢集团将始终坚持面向世界科技前沿、面向经济主战场、面向国家重大需求、面向人民生命健康，主动担负自主创新重任，勇当原创技术"策源地"，全力攻克"卡脖子"关键技术；积极参与国家重大创新平台建设，更好地服务国家战略科技力量建设。

打造世界一流的核心竞争力。钢铁行业是重要的中游行业，上游承载有色金属、电力和煤炭行业，下游衔接机械、房地产、家电及轻工、汽车、船舶等行业。鞍钢集团将持续增强资源配置和整合能力，围绕"双核+第三极"产业发展布局，优化产业链资源配置，不断强化战略性资源掌控能力，提升全球市场话语权和影响力；加强全面质量管理，推进工艺、装备升级，打造品质卓越的产品，全力打造世界一流"钢铁旗舰"；对标世界一流提升价值创造力，稳步提升经营绩效指标，推动从数量规模型向质量效益型转变。

打造世界一流的治理能力。一流的治理能力是企业全面深化改革高质量发展的关键所在。鞍钢集团将进一步深化市场化经营机制建设，聚焦狠抓三项制度改革实效重点攻坚，推动公司治理机制更加成熟定型；以"五力"战略评价模型为抓手，推进战略规划落实落地、迭代升级，增强战略管理能力；加快推进数字鞍钢建设，推动"数据赋能、管控升级、经营协同、制造增效"，不断拓展"数字鞍钢"建设新模式新路径；加快建立世界一流财务管理体系和基于全价值链的精益管理体系，立足"三纵一横"法治鞍钢建设工作体系，深化法律、合规、风控一体化运行，全面增强企业抗风险能力。

打造世界一流的影响力。随着碳达峰、碳中和目标的提出，聚焦降能耗和提高废钢使用量的钢铁产业政策相继出台。鞍钢集团将积极打造绿色低碳发展典范，按照鞍钢集团实现碳达峰、碳中和目标的路线图，发展低碳冶金技术，推动能源低碳转型，提高能源利用效率和清洁生产水平；塑造优秀企业文化，以弘扬"鞍钢宪法"精神为主线，不断提升鞍钢集团文化影响力；加快培育全球知名品牌，制定实施差异化品牌战略，提升鞍钢集团品牌知名度、美誉度。

打造世界一流的引领力。鞍钢集团将加快培育一流企业家，加大优秀年轻干部配备力度，不断优化领导人员队伍结构；培育高水平科技领军人才队伍，落实"揭榜挂帅""赛马"等制度，推进"人才飞地"建设，建立人才落户中心城市、服务支持生产基地的协同机制；加强高技能人才队伍建设，制订实施各层级技能培训计划，建立技能人才评价体系，建立健全相关激励保障制度。

第三节　品牌卓著，树一流形象

鞍钢集团深知良好的品牌声誉离不开企业社会责任，以及为利益相关方创造经济、社会和环境综合价值。鞍钢集团将系统总结、提炼公司社会责任优秀管理理念和实践经验，有步骤、有计划地向利益相关方传播公司社会责任管理理念、实践和成效，丰富沟通传播的渠道和形式，全力打造具有全球竞争力的世界一流企业形象。

丰富品牌责任内涵。秉持"制造更优材料，创造更美生活"使命，围绕智能制造、绿色低碳、乡村振兴等行业热议话题，总结提炼鞍钢集团影响力高、综合价值大的社会责任项目或典型案例，成为履行社会责任的典范。从内外部利益相关方沟通与合作角度，传递鞍钢集团品牌文化内涵，塑造提升品牌形象，使得品牌竞争力强、充满活力，形成标杆典范，向着加快创建世界一流企业的目标不断迈进。

参与全球责任治理。进一步发挥中央企业及行业龙头企业的影响力，联合其他中央企业及全球领先同行企业共同发布社会责任倡议，定期组织开展社会责任交流活动，为全球责任治理贡献鞍钢经验。

拓展透明沟通渠道。以可持续发展报告为鞍钢集团展示传播社会责任理念、行动和成效的重要渠道，持续做好信息披露，针对应对气候变化、乡村振兴等重要议题发布专项报告，更充分、全面地展示企业形象。以行业活动、开放日活动等为契机，策划参观、展览、多媒体等多种形式，更广泛地传播展示新时代"新鞍钢"文化和品牌。

附 录
鞍钢集团社会责任大事记

1949 年

- 鞍山钢铁厂相继炼出中国第一炉钢水、中国第一炉铁水。鞍钢在大白楼前举行盛大的开工典礼，宣告中国第一个大型钢铁联合企业正式开工。

1953 年

- "一五"计划的"头号工程"——鞍钢大型轧钢厂、无缝钢管厂、7号炼铁高炉"三大工程"提前完成建设工程并开始生产，是我国社会主义工业化建设中的重大胜利。鞍钢举行"三大工程"开工典礼。

1965 年

- 鞍钢受冶金工业部委托，召开国家样板矿山会议。鞍钢弓长岭铁矿井下矿、大孤山铁矿被认定为"样板"矿山。

1976 年

- 唐山大地震后，鞍钢迅速组织医疗队及人员物资支援抗震救灾，并帮助唐山钢厂恢复生产。

1978 年

- 鞍钢把治理污染、合理利用"三废"资源列入技术改造计划和公司生产经营目标管理。
- 鞍钢成立环保研究所，承担鞍钢的环保科研和技术设计任务。

1983 年

- 本钢焦化厂正式投产我国焦化系统最大的生物脱酚装置。

1986 年

- 经过对鞍钢成立开工以来鞍钢人精神素材的总结提炼，概括出"创新、求实、拼争、奉献"的鞍钢精神，并写入党代会的工作报告中。
- 鞍钢被辽宁省政府授予"花园式"工厂称号，被中央绿化委员会命名为"全国绿化先进单位"。
- 在全国经济工作会议上，鞍钢半连续轧板厂被授予"1985 年国家质量奖预评企业"称号，成为获此殊荣的中国第一家冶金工厂。

1987 年

- 鞍钢被国家经济委员会命名为"全国资源综合利用先进单位"。
- 鞍钢无偿支援黑龙江省大兴安岭火灾区 2000 吨钢材。

1988 年

- 长江、嫩江、松花江等江河流域发生大洪水，鞍钢克服自身困难支援灾区，捐款捐物的同时，也积极帮助灾区恢复生产。
- 鞍钢向中国残疾人福利基金会捐款 100 万元。

1989 年

- 鞍钢引进德国 240 万吨钢渣处理加工线，选出含铁品位高的钢渣返回原料生产系统，加速对固体废弃物进行循环利用。
- 鞍钢引进环境自动监测系统，结束了鞍钢环境监测只能手工监测不能自动监测的历史。

- 鞍钢研制的低合金耐大气腐蚀钢，在国家专利局与联合国世界知识产权组织于北京召开的颁奖会上获"发明创造奖"。

1991 年

- 鞍钢向华东灾区捐款 650 万元。

1993 年

- 鞍钢进行大面积绿化尾矿坝，荣获"全国造林绿化 300 佳单位"称号。

1996 年

- 鞍钢坚持企业效益和环境效益并重，关闭一炼钢厂 3 号平炉，周边空气环境得到彻底改善。

1998 年

- 鞍钢完成"平改转"工程，这是国内老钢铁企业中首家淘汰落后的平炉工艺、实现全转炉炼钢的改造工程。
- 鞍钢西部污水处理厂主体工程 8 个沉淀池建成，这是鞍山市 1998 年为市民办的十件好事之一。

1999 年

- 重点环保工程——粉煤灰烧结砖生产线竣工投产，每年可消化粉煤灰 13 万~15 万吨，有效降低环境污染。

2000 年

• 鞍钢淘汰模铸、初轧工艺,实现了全连铸,大大减少了污染物排放。

• 鞍钢"1780"和"平改转"改造项目所创纪录编入《中国企业新纪录》。

2001 年

• 化工总厂煤气脱硫脱氧工程竣工投产,该环保项目对提高钢材质量和改善厂区环境有重大作用。

2002 年

• 鞍钢被评为"辽宁省 2001 年度最有影响的企业"。

2003 年

• 鞍钢被中央精神文明建设指导委员会评为"全国精神文明建设工作先进单位"。

• 鞍钢被辽宁省建设厅评为"辽宁省城市绿化行业先进单位"。

• 鞍钢获中华人民共和国民政部授予的"爱心捐助奖"。

• 线材厂、厚板厂等轧钢生产厂实现落地水回收工程,在鞍钢内部率先实现工业废水零排放。

• 鞍矿公司高浓度尾矿输送工程竣工投产,实现污水零外排,环保效益显著。

2004 年

• 鞍钢获全国绿化委员会授予的"全国绿化模范单位"荣誉称号。

- 鞍钢被中国儿童慈善活动日组委会评为"中国儿童慈善活动日公益明星企业和公益爱心企业"。
- 鞍钢被冶金绿化委员会评为"全国冶金绿化先进单位"。
- "鞍钢工业之旅"入围全国百家工业旅游示范点。
- 鞍钢与宝钢、中石油、中铝、华能、一汽等6家中央企业联合发出倡议，创建资源节约型企业。

2005 年

- 鞍钢被辽宁省劳动和社会保障厅、辽宁省总工会评为"辽宁省用人单位人力资源管理诚信等级AA"。
- 鞍钢被认定为全国旅游示范点。
- 鞍钢自主研发的"贫赤（磁）铁矿选矿新工艺、新药剂与新设备研究及工业应用"荣获"国家科技进步奖"二等奖。
- 鞍钢重轨入选"中国名牌产品"。
- 鞍钢荣膺国家体育总局授予的"全国群众体育先进单位"称号。
- 鞍钢被中央精神文明建设指导委员会授予"全国文明单位"称号。

2006 年

- 鞍钢被辽宁省总工会评为"辽宁省先进女职工组织"。
- 鞍钢获劳动和社会保障部授予的"国家技能人才培育突出贡献奖"。
- 利用鞍钢高炉余热补充热源工程正式投入运行，5万户鞍山居民冬季供暖得以保障。
- 鞍钢被中华全国总工会和国家体育总局授予"全国职工体育示范单位"称号。
- 鞍钢荣获辽宁省"连续20年守合同重信用企业"称号。

- "鞍钢牌"船板荣获"中国名牌产品"称号。

2007年

- 鞍钢举行《鞍钢文化手册》发布大会，使得企业文化建设取得突破性进展。
- 鞍钢被全国厂务公开协调小组评为"全国厂务公开民主管理先进单位"。
- 鞍钢被中华全国总工会授予"'振兴东北地区老工业基地振兴杯'劳动竞赛优胜单位"称号。
- 鞍钢被中国企业联合会、中国企业家协会评为"中国最佳诚信企业"。
- 鞍钢建成能源管控中心，利用现代化信息技术优化能源管理提高能源管理水平，能源消耗实现了实时监控。
- "鞍钢1780毫米大型宽带钢冷轧生产线工艺装备技术国内自主集成与创新项目"荣获"国家科技进步奖"一等奖。
- 鞍钢成为全国钢铁可循环流程技术创新战略联盟成员单位。
- 国内首台、世界上单机容量最大的燃气蒸汽联合循环发电机组（CCPP）在鞍钢建成投产。

2008年

- 为贯彻落实国务院国资委《关于中央企业履行社会责任的指导意见》精神，鞍钢启动了履行企业社会责任和可持续发展工作，制定了《关于建立鞍钢社会责任和可持续发展管理体系的指导意见》。
- 在中国—瑞典企业社会责任高层论坛上，鞍钢发布了首份2007年可持续发展报告。
- 汶川地震发生后，鞍钢第一时间向灾区提供1000万元的捐款，在此基础上再向辽宁省对口支援的四川安县捐款1000万元。
- 鞍钢股份被中国企业文化促进会评为"中国文化管理先进单位"。
- 鞍钢被科学技术部、国务院国资委和中华全国总工会命名为首批"创新型企业"。

2009 年

- 鞍钢"实施技术改造,推进节能减排,发展循环经济"履责案例入选2009年度中央企业优秀社会责任实践成果。
- 鞍钢荣获"2009年金蜜蜂企业社会责任·领袖型企业奖"。
- 汶川地震发生后的一年里,鞍钢累计向地震灾区捐款4659万元,鞍钢还紧急支援,共生产赈灾钢材16万多吨,"鞍钢制造"为灾区人民撑起一座座避风挡雨的爱心之家。

2010 年

- "创新、求实、拼争、奉献"的鞍钢精神和"艰苦奋斗,永攀高峰"的攀钢精神被评为"中国60年全国企业精神60佳"。
- 在国务院节能减排工作会议上,鞍钢作为唯一一家企业介绍了经验;被国家列为首批"两化融合"促进节能减排试点示范企业。
- 在"2009金蜜蜂企业社会责任·中国榜"评选活动中,鞍钢荣获最高奖项——"2009年金蜜蜂奖·领袖型企业奖"。
- 鞍钢鲅鱼圈循环经济示范园管理模式纳入《2009年金蜜蜂责任竞争力案例集》。
- 《鞍钢集团2009年可持续发展报告》荣获"金蜜蜂2010年优秀企业社会责任报告·领袖型企业奖"。
- 鞍钢矿业公司被辽宁省希望工程办公室评为"辽宁省希望工程突出贡献单位"。

- 鞍钢被国务院第一次全国污染源普查领导小组办公室评为"第一次全国污染源普查先进集体"。
- 鞍钢集团整合鞍钢、攀钢社会责任与可持续发展管理体系和制度体系，建立支撑新管控架构的运行机制，并发布了鞍钢集团首份可持续发展报告。

2011 年

- 鞍钢被国务院扶贫开发领导小组授予"全国扶贫开发先进集体"称号。
- 鞍钢被辽宁省扶贫开发领导小组评为"2011年定点扶贫标兵单位"。
- 鞍钢集团被中国工业经济联合会授予"2011年社会责任报告发布证书"。
- 鞍钢获辽宁省政府授予的"2006—2010年辽宁省节能减排工作先进单位"称号。
- 鞍钢集团被授予"十一五中央企业节能减排优秀企业"称号。
- 鞍钢集团《学习郭明义传承鞍钢精神发挥企业文化的推动力》和《打造绿色产业链实现资源节约和清洁生产》案例入选"2011中央企业优秀社会责任实践"。
- 在中国企业文化研究会主办的"中外企业文化2011北京峰会"上，鞍钢集团荣获"企业文化30年实践十大典范案例"称号。

2012 年

- 鞍钢集团首次跻身《财富》世界500强。
- 鞍钢集团获世界品牌实验室授予的"2012年中国500最具价值品牌"。

- 鞍钢被全国绿化委员会授予"国土绿化突出贡献单位"称号。
- 世界范围内首次在特大型高炉上实现焦炉煤气和煤粉混合喷吹，标志着鞍钢高炉炼铁的节能减排技术处于国际领先地位。
- 五项冶金渣处理工艺及高附加值产品研发项目被编入国家"十二五"冶金固废开发利用规划中。
- 鞍钢集团"打造绿色产业链实现资源节约和清洁生产"被纳入2012年中国工业经济行业企业社会责任报告发布会典型案例。
- 鞍钢集团对现行企业社会责任管理体系运行情况开展评价，编制《鞍钢集团公司社会责任管理体系运行情况报告》。
- 鞍钢集团青年"星期六义务奉献日"志愿服务主题活动被中央企业团工委授予"中央企业金牌青年志愿服务项目"称号。
- 鞍钢股份被国务院授予"全国就业先进企业"荣誉称号。
- 鞍钢股份被中国钢铁工业协会授予"中国钢铁工业清洁生产环境友好企业"称号。
- 攀钢获得中央精神文明建设指导委员会授予的"全国文明单位"称号。
- 攀钢被国务院国资委授予"中央企业扶贫工作先进单位"称号，获四川省委省政府授予的"四川省定点扶贫工作先进集体"称号。
- 攀钢被人力资源社会保障部授予"第十一届国家技能人才培育突出贡献奖"。
- 鞍钢鲅鱼圈钢铁分公司被国家发展改革委授予"全国循环经济工作先进单位"称号。

2013 年

- 鞍钢集团网站正式上线，设立"关于鞍钢""新闻中心""投资者关系""企业文化""人力资源""业务板块""产品与服务""可持续经营""社会责任"九大栏目，为鞍钢的利益相关者、关注者及传媒者搭建了沟通交流与服务的平台。

- 鞍钢集团社会责任实践案例"绿色钢铁绿色发展"入选2013年中央企业优秀社会责任实践案例。
- 鞍钢集团参与商务部《WTO经济导刊》开展寻找蜜蜂型企业等活动，在第九届2013金蜜蜂企业社会责任·中国榜发布典礼上，鞍钢集团荣获"金蜜蜂企业"，《开展铁尾矿资源综合利用提升绿色效益》案例被收入《2013金蜜蜂责任竞争力案例集》。
- 在"第三届中国工业大奖"表彰大会上，鞍钢冶金渣资源综合开发利用项目获"中国工业大奖"——"表彰奖"，攀钢选钛厂扩能改造项目获"中国工业大奖"——"提名奖"。
- 在由中国企业联合会、中国企业家协会组织的2013年度"最具影响力企业"评选活动中，鞍钢矿业公司获"2013年度中国最具影响力企业"称号。
- 全国钢铁行业郭明义爱心团队在鞍钢集团成立，来自全国58家钢铁企业的共青团工作者和青年志愿者共计1000多人，参加了成立仪式。
- 鞍钢股份被中国钢铁工业协会授予"清洁生产环境友好企业"称号。
- 在第四届中国货运年会上，鞍钢汽车运输公司被授予"2013年度中国绿色货运标杆企业"荣誉称号。
- 在纽伦堡国际发明展览会上，鞍钢集团"以冶金废料为原料的转炉冷却剂制造方法及使用方法"获得"绿色环保贡献奖"，同时获得2项金奖、4项银奖。

2014 年

- 鞍钢集团展览馆正式开馆，鞍钢遵循"修旧如旧，建新如故"的理念，将 1953 年建设的炼铁厂二烧车间闲置旧厂房改建成具有鞍钢特色的现代化展览馆，打造鞍钢的文化符号、精神地标。
- 鞍钢集团举办弘扬"鞍钢宪法"精神论坛，汇聚各方面的智慧和力量，全面理解"鞍钢宪法"的精神实质和时代内涵，进一步丰富和发展"鞍钢宪法"精神，不断赋予"鞍钢宪法"新的时代内涵。
- 鞍钢集团编制印发《社会责任管理办法》，对企业社会责任管理体制和运行机制进行了规范和优化。
- 矿业集团荣获"2014 年全国践行生态文明优秀企业"称号。
- 矿渣开发公司荣获"中国最佳绿色环保企业"荣誉称号，成为本年度钢铁行业唯一获此殊荣的企业。
- 鞍钢集团 50 万吨/年钢渣粉生产线正式投产，该工程是目前国内规模较大、技术和装备水平世界领先的利废建材生产建设项目，被《世界金属导报》评为"2014 年世界钢铁工业十大技术要闻"。
- 鞍钢集团郭明义爱心团队在中央企业志愿服务工作推进会上荣获"中央企业优秀志愿服务团队奖"，"跟着郭明义学雷锋活动"荣获"中央企业优秀志愿服务项目"。

2015 年

- 鞍钢集团启动以"构建鞍钢集团文化体系"为核心的企业文化建设项目，成立鞍钢集团文化体系建设领导小组，形成企业文化体系建设方案和《鞍钢集团文化宪章（征求意见稿）》。
- 鞍钢集团荣获中国企业文化研究会授予的"'十二五'企业文化建设英模文化标杆"称号。

- 开通鞍钢集团官方微信公众号——摇篮鞍钢，阅读人群超过12000人，全年推送信息500余条，累计阅读数达61万次。
- 攀钢创新脱硫治理体制机制，通过市场手段引入"第三方"开展脱硫治理，取得成功经验，攀钢烧结机脱硫治理成效得到中央媒体广泛宣传。
- 鞍山钢铁集团公司矿渣开发公司获中国环境报社授予的"全国环境友好企业"称号。
- 攀钢西昌钢钒公司被评为"全国绿化模范单位"。
- 鞍山钢铁、攀钢获得中央文明办授予的"第四届全国文明单位"称号。
- 鞍钢汽运公司在2015（第十三届）中国物流企业家年会上，被授予"2015中国物流社会责任贡献奖"奖牌。
- 鞍钢工程建设混凝土分公司试验室"三八"班获得中华全国妇女联合会授予的2014年度"全国巾帼文明岗"荣誉称号。

2016年

- 鞍钢集团党委宣传部、鞍钢日报社、攀钢电视台分获"十二五"全国企业文化优秀传媒组织奖、优秀媒体、优秀传媒作品奖。
- 首届"鞍钢楷模"评选表彰活动被《中国冶金报》列为2016年度中国钢铁行业20件大事之一，在企业内外引起良好反响。
- 鞍钢集团展览馆实施网上博物馆项目上线运行，将鞍钢集团展览馆外景、主题公园和展厅全方位、多角度地展现给广大网民。
- 鞍钢集团被国务院国资委授予"2013—2015年任期考核节能减排优秀企业"荣誉称号。
- 在第九届中国企业社会责任报告国际研讨会上，《鞍钢集团2015可持续发展报告》荣获"金蜜蜂2016优秀企业社会责任报告·领袖型社会责任报告奖"。

- 鞍钢集团被辽宁省扶贫开发领导小组办公室评为"辽宁省定点扶贫先进单位"。
- 鞍钢青年志愿者协会荣获"中国青年志愿者优秀组织奖"。
- 攀钢西昌钢钒公司获得中国钢铁工业协会"清洁生产环境友好企业"称号。
- 鞍钢集团工程技术发展有限公司承担国家级节水减污技术集成优化课题——"辽河流域特大型钢铁工业园全过程节水减污技术集成优化及应用示范任务"。

2017 年

- 在世界品牌实验室主办的第十四届世界品牌大会上,"鞍钢"品牌以 570.55 亿元的品牌价值荣登 2017 年中国 500 最具价值品牌排行榜第 55 位。
- 鞍钢集团建立发布鞍钢集团文化体系,形成包括鞍钢集团愿景、使命、核心价值观、文化传承、管理法则、行为规范、鞍钢形象的《鞍钢集团文化宪章》,完成《鞍钢集团视觉识别系统》升级。
- 鞍钢集团展览馆正式更名为"鞍钢集团博物馆",成为东北大学首批马克思主义理论教育实践基地,以及首批"全国中小学生研学实践教育基地"。
- 在中国企业社会责任报告国际研讨会上,《鞍钢集团 2016 年可持续发展报告》荣获"金蜜蜂 2017 优秀企业社会责任报告·领袖企业奖"。
- 攀钢西昌钢钒有限公司获"中国钢铁工业清洁生产环境友好企业"荣誉称号。
- 鞍钢股份鲅鱼圈分公司获得工业和信息化部首批"绿色工厂"示范单位殊荣。

- 鞍钢股份炼焦总厂入选中央宣传部第三批全国学雷锋示范点，被评为辽宁好人·最美身边雷锋（集体）辽宁省学雷锋学郭明义活动示范点。

2018 年

- 鞍钢集团荣获央视《大国品牌》"改革开放 40 年 40 品牌"。
- 鞍钢集团联合攻关的清洁高效炼焦技术与装备的开发及应用项目获得"国家科技进步奖"一等奖。
- 在第十一届中国企业社会责任报告国际研讨会上，《鞍钢集团2017 年可持续发展报告》获得"金蜜蜂 2018 优秀企业社会责任报告·领袖企业奖"。
- 鞍钢集团博物馆是集团对外开放的重点基地，成功晋级国家二级博物馆。
- 鞍钢集团荣获"全国无偿献血促进奖"——"单位奖"。
- 鞍钢股份鲅鱼圈分公司和攀钢西昌钢钒分获 2018 绿色发展十大优秀和先进企业称号，西昌钢钒荣获四川省"环保诚信企业"殊荣。
- 鞍钢矿业公司被评为"全国冶金矿山绿化先进单位"，大矿排岩场多功能生态园被评为"全国绿色矿山示范基地"。
- 鞍钢矿业公司齐大山选矿厂被评为"辽宁省厂务公开民主管理示范单位"，鞍钢汽运公司、朝阳钢铁被评为"辽宁省厂务公开民主管理先进单位"。

2019 年

- 鞍钢集团被国务院国资委评为"任期节能减排突出贡献企业"。
- 鞍山钢铁专利技术"台架式卷钢集装箱"被列入交通运输部《交通运输行业重点节能低碳技术推广目录（2019 年度）》，这也是唯

——项钢铁企业的物流专利技术被列入该目录。

• 弓长岭露天矿、井下矿、齐大山铁矿、鞍千矿业（胡家庙铁矿）、关宝山铁矿、硾子山铁矿、眼前山铁矿、大孤山铁矿、东鞍山铁矿和大连石灰石新矿成功入选国家级绿色矿山名录。

• 发布的《鞍钢集团有限公司 2018 可持续发展报告》被评为"金蜜蜂 2019 优秀企业社会责任报告·长青奖一星级奖"。

2020 年

• 年初新冠疫情突袭而至，鞍钢集团坚持一手抓疫情防控，一手抓复工复产和改革发展，同时，积极支援湖北抗击疫情。

• 鞍钢集团扶贫工作获得原国务院扶贫办"好"的评价，鞍钢集团精准扶贫工作入选中央企业优秀案例。

• 鞍钢集团定点帮扶的两个国家级重点贫困县全部摘帽，辽宁和四川区域对口帮扶的 8 个贫困县、12 个贫困村全部摘帽。

• 鞍钢集团荣获中国冶金报社"2020 年度绿色发展标杆企业"称号，攀钢集团荣获中国环境报社"2020 年度环境社会责任企业"称号。

• 鞍钢矿业地下铁矿山低贫损绿色开采关键技术及工程应用获得"中国技术市场协会金桥奖项目二等奖"。

• 第十三届中国企业社会责任报告国际研讨会在北京召开，鞍钢集团荣获"金蜜蜂 2020 优秀企业社会责任报告·长青奖一星级奖"。

2021 年

• 《鞍钢集团有限公司 2020 可持续发展报告》荣获"金蜜蜂 2021 优秀企业社会责任报告·长青奖一星级奖"。

• 鞍钢集团发布《鞍钢集团碳达峰碳中和宣言》、"低碳冶金路线图"，积极布局氢冶金等前沿引领技术。

- 工业和信息化部授予鞍钢集团众元产业铝粉公司 2021 年度"绿色工厂"称号，四川省授予攀钢集团"'十三五'节能工作先进集体"称号。
- 鞍钢矿业整体绿化工作进入全国先进行列，被评为"全国生态文明优秀企业"；大孤山休闲旅游园、眼前山绿色采摘园、前峪尾矿库苗木培育园 3 个生态园区，被授予"国家绿色矿山示范基地"。
- 鞍钢集团 2021 年定点帮扶工作被中央农村工作领导小组评价为"好"。
- 鞍钢集团"特色产业助脱贫"和"探索高原扶贫路"两个案例入选中国企业改革与发展研究会指导的"决胜脱贫攻坚·国企扶贫优秀案例公益推选活动"名单。
- 鞍钢集团驻新疆塔什库尔干塔吉克自治县工作组荣获"新疆维吾尔自治区脱贫攻坚先进集体"称号。
- 鞍钢集团发布《2021 鞍钢集团有限公司精准扶贫白皮书》，展现鞍钢集团用钢铁柔情撑起脱贫致富新天地的心路历程和突出成就。
- 攀钢办公室信调民政处荣获"全国农村留守儿童关爱保护和困境儿童保障工作先进集体"称号。
- 郭明义爱心团队被"中华慈善奖"授予"慈善楷模奖"。
- 鞍山钢铁保卫部（人民武装部）党委获"辽宁省抗击新冠肺炎疫情先进集体"称号。
- 鞍钢股份被评为"国家技能人才培育突出贡献单位"。

2022 年

- 全球首套绿氢零碳流化床高效炼铁新技术示范项目在鲅鱼圈钢铁基地正式开工。
- 低碳排放高炉炉料解决方案及其应用获"世界钢铁协会低碳生

产卓越成就奖"，鞍钢集团成为唯一获奖中国企业。

- 《践行生态文明思想 打造绿色矿山典范》入选国务院国资委低碳环保专刊。
- 鞍钢集团矿业公司矿山生态保护成果入选卫星对比图。
- 组织编制《鞍钢集团有限公司碳达峰行动方案》，开展产品全生命周期评价，系统推进碳达峰工作落地。
- 鞍钢股份鲅鱼圈钢铁分公司、本钢板材股份有限公司、本溪北营钢铁股份有限公司、攀钢集团西昌钢钒有限公司获中国钢铁行业协会颁发的"双碳最佳实践能效标杆示范厂培育企业"荣誉。
- 鞍钢集团定点帮扶工作连续两年被中央农村工作领导小组评价为"好"。
- 鞍钢博物馆成为国家首批工业文化专题实践教学基地。
- 鞍钢集团红色钢铁之旅工业旅游基地入选国家工业旅游示范基地，成为展示传播新时代新鞍钢文化和品牌的新载体。
- 四川省甘孜州泸定县发生6.8级地震，鞍钢集团向四川省慈善总会捐赠2000万元。

2023 年

- 鞍钢集团发布《2023鞍钢集团有限公司乡村振兴白皮书》，白皮书以数说、图说、众说等方式生动形象地展现了鞍钢集团帮扶工作取得的突出成绩。
- "打造废钢回收利用新模式，实现绿色低碳循环发展"入围中国企业联合会2022企业绿色低碳发展优秀实践案例。
- 鞍山钢铁首套焦油渣离心分离装置投产，可对焦油渣进行高效、环保处理，能够大幅度改善现场作业环境。
- 收到贵州省盘州市领导、消费帮扶地方企业代表送来的锦旗，该锦旗传递了对鞍钢集团多年来认真落实产业帮扶政策，对贵州省盘州市给予帮助的感谢。

• "羽嘉工业互联网平台"成功入选 2023 年新增跨行业跨领域工业互联网平台清单，该平台是鞍钢集团首个入选国家级"双跨"工业互联网平台。

• 攀钢党委获评"贵州省乡村振兴驻村帮扶工作先进集体"。

• 《推动三项工作 实现三个助力，赋能盘州刺梨产业》入选《2022 年中央企业助力乡村振兴蓝皮书》。